奴隶制度解析

[葡]若昂·佩德鲁·马尔克斯　著

治　程　译

知识产权出版社
全国百佳图书出版单位
—北京—

Original Title: Escravatura
Author: João Pedro Marques
Copyright © Autor e Guerra e Paz, Editores, S. A., 2017

图书在版编目（CIP）数据

奴隶制度解析/（葡）若昂·佩德鲁·马尔克斯著；治程译. —北京：知识产权出版社，2021.12
ISBN 978-7-5130-7939-6

Ⅰ.①奴…　Ⅱ.①若…②治…　Ⅲ.①奴隶贸易—历史—非洲　Ⅳ.① K404

中国版本图书馆 CIP 数据核字（2021）第 248934 号

内容提要

本书以提问形式展开对非洲黑人奴隶贸易、奴隶制度以及葡萄牙是如何参与其中的等一系列问题的探讨，为读者带来了一些关于黑人奴隶制度的新的历史研究成果，阐明一些误区，旨在令读者了解奴隶制度这一段历史绝非简单的线性进程，发现与已有认知不同的地方。

责任编辑：宋　云　　　　　　　　　责任校对：潘凤越
封面设计：北京麦莫瑞文化传播有限公司　责任印制：刘译文

奴隶制度解析

[葡] 若昂·佩德鲁·马尔克斯　著
治　程　译

出版发行：知识产权出版社有限责任公司	网　　址：http://www.ipph.cn
社　　址：北京市海淀区气象路 50 号院	邮　　编：100081
责编电话：010-82000860 转 8388	责编邮箱：hnsongyun@163.com
发行电话：010-82000860 转 8101/8102	发行传真：010-82000893/82005070/82000270
印　　刷：三河市国英印务有限公司	经　　销：各大网上书店、新华书店及相关专业书店
开　　本：880mm×1230mm　1/32	印　　张：4.625
版　　次：2021 年 12 月第 1 版	印　　次：2021 年 12 月第 1 次印刷
字　　数：56 千字	定　　价：48.00 元
ISBN 978-7-5130-7939-6	
京权图字：01-2021-6925	

出版权专有　侵权必究
如有印装质量问题，本社负责调换。

目录 Contents

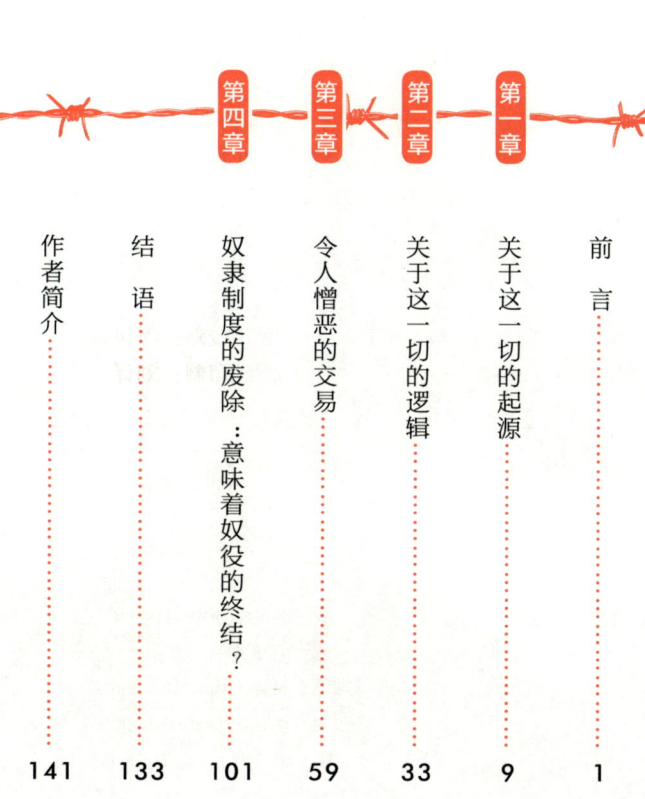

前言 1

第一章 关于这一切的起源 9

第二章 关于这一切的逻辑 33

第三章 令人憎恶的交易 59

第四章 奴隶制度的废除：意味着奴役的终结？ 101

结语 133

作者简介 141

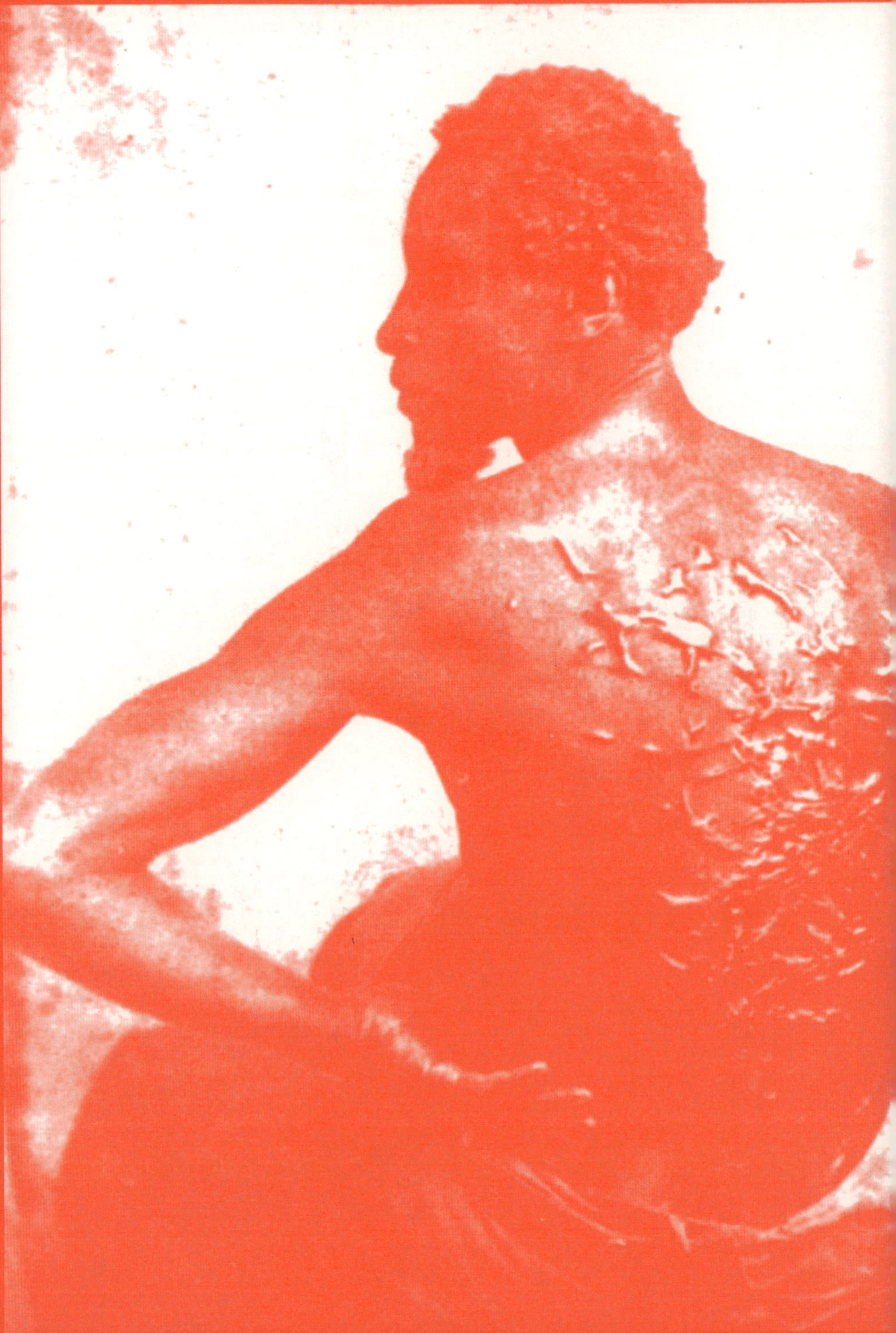

前言

试问，我们是否真正了解有关非洲黑人被贩卖，进而受到奴役的历史呢？那么在这样一段历史背景下，葡萄牙扮演了怎样的角色，又是如何参与其中的呢？面对上述疑问，是否多数葡萄牙人都有着充分的了解呢？答案显然是没有。听到大家的争论与质疑，看到网络报纸评论栏中对此所发表的内容，我意识到，有关奴隶制度的历史，每每出现一个对该问题拥有一定程度且非旧时认知的人，那么相对便有三到四个人对这段历史知之甚少，又或是一知半解甚至歪曲事实。细想，造成这种情况出现的原因各有不同。让我们来一一说明。

首先，就人们对此了解简单且片面化而言，根源在基于漫长的废奴主义时代所遗留下来的思想，造成有些人所掌握的信息过于陈旧。废奴运动期间，西方各国在不同程度上抗争延续了几个世纪的奴隶制度。众所周知，废奴主义思想起源于18世纪末期的大不列颠及其在北美的殖民地，旨在要求立即或迅速结束奴隶制度。大西洋两岸的英国废奴主义者以及当时的一些哲学家都将黑人奴隶制度仅视为白人的过错，认为白人应当忏悔并积极为此作出道歉及补偿。同时他们也阐述并传播了一种爱好和平的无辜黑人的思想，即黑人是"高贵的野蛮人"，遭受着欧洲人因无尽贪婪而带来的欺骗和摧残。这些观点之后在各种报刊新闻、议会演讲、文学作品中被数千次提及并不断强调，如在名著《汤姆叔叔的小屋》一书中也有涉及，该作品出版于1852年，是19世纪最畅销的小说。因此，鉴于从18世纪末到20世纪初对这个问题的论述和作品颇多，在西方人的思想中，包括在葡萄牙人的认知里，关于奴隶制度会是怎样一种现象，仍然存在许多固有的观念和确信，其中不乏错误的理解，而今也无法得到证实。相较200年前，无疑，现在的我们了解得更多，因为自20世纪60年代以来，历史研究在这一领域取得了长足的进步。从那时起，就形成了名副其实的书目洪流，势如破竹，多如过江之鲫，致使学者们在20世纪90年代开始出版年度书目增刊（篇幅在100页以上），以避免失去立足之地。今天，任何人想要去了解西方海洋民族在15~19世纪建立的奴隶制度，都有不胜枚举的书籍和文章可供使用，以深入而彻底地了解这一主题。

现在我要谈一谈关于该领域问题出现的一种缺乏合理性的曲解现象，从另一方面说，很明显是那些为适应全球化时代和政治正确性，进而想要重写奴隶制历史的学者的站位。其中一些表现积极的历史重述者很是坚定他们的立场，在联合国教科文组织范围内或其支持下开展相关研究工作并发表创作成果。正如在 1994 年，根据海地的一项提议，联合国教科文组织发起了"奴隶之路"项目，该项目的国际科学委员会目前由法国历史学家耐莉·施密特主持。针对该项目，联合国教科文组织支持鼓励并出资赞助出版相关史学著作和历史叙事文集，在某些情况下，或多或少会使我们对过去所了解的东西产生严重的曲解。如果我们在互联网上搜索"奴隶之路"（The Slave Route），就会看到许多令人惊讶的理论，比如新的废奴主义英雄（而今多数是黑人），又或是缺乏合理性，至少极具争议性的言论。在"奴隶之路"项目的最初声明中，联合国教科文组织表示"决心打破人们在奴隶贸易和奴隶制问题上的沉默"，这无疑会使了解近几十年来发表的相关史学主题文章的读者瞠目结舌，或知道"沉默"这东西在其中并不存在，也不曾有过。如果读者点击例如在联合国教科文组织"奴隶之路"项目页面上出现的"抵抗与废除"这一标签，那么将读到下面一段话，"最早为废除奴隶制而战的群体正是那些俘虏和奴隶们，从他们在非洲被掳获到在美洲和加勒比地区被贩卖、遭受剥削，整个过程他们采取了各种抵抗手段"。这是真的吗？不然。这仅仅可视为一种政治声明，一种不切实际的神话，与历史研究的结果不符，稍后我们将在第四章加以证实。换句话说，在"奴隶之路"项目介绍的网络页面上向公众提供的部分内容并非源于史学，而是一种政治意识形态，我想更严重的在于，它所借助的是联合国教科文组织这样一个有分量、有公信力、真实具有普遍影响力的机构。

我们所处的当今时代的毒瘤之一便是伪装成科学的政治意识形态，在这里我们探讨的是历史科学层面，同时令人遗憾的是，联合国教科文组织正在为这股势力推波助澜。不论是为了实现怎样宏伟的政治目的，史学在其过程中不仅仅是充当工具的角色。首先，史学是一种理解人类故事发展脉络的方法，帮助作者或读者培养批判性思维意识；更重要的是，史学引领着我们去找寻真相。

执着于真理，努力回归真理，正是出于这样的目的，我才决定将这本《奴隶制度解析》出版面世。本书在很大程度上试图反驳错误的观点，并为读者带来一些历史研究的结果，尤其是在殖民背景下葡萄牙与奴隶贸易、奴隶制问题的关系。本书不是在讲述奴隶制度的历史，当然也不大可能在这一本篇幅短小的书中进行完整的介绍。在这里，目的只是要尽可能简单地阐明一些主题，并非常直接地回答有关奴隶制度及葡萄牙是如何参与其中的等一系列相关问题。

故而，该书分为四个篇章，章中分节，对照问题逐个进行相应说明。由于并非学术型书籍，因此没有标注参考书目。但是，在每个小节中都提到相关主题的参考作品，借此提供些许书目指南推荐给那些想要深入了解相关主题的读者朋友。

在结束本篇前言之前，我想对"escravatura"一词作出一定的诠释，原因是我们在这个词的使用上偶尔出现滥用，且普遍以混淆或非常不精确的方式使用。如果我们在字典中查找该词，会发现其通常包括以下含义：奴隶贸易；奴役状况；屈意顺从。令许多读者感到奇怪的是，"escravatura"竟同义于奴隶贸易。确实目前几乎没有人用到这层含义，但最初，"escravatura"讲的就是这个意思，在葡萄牙语中，它曾是奴隶贸易（tráfico da escravatura/escravos）的简称。而后，由于与19世纪至20世纪的政治思想史有关，在这里就不展开谈论，该词语的含义慢慢变得模糊，且开始意指其他方面，从人口买卖到强行奴役，即绝对的屈从与非自由性劳动。在最普遍的后一种意义上，它开始取代"escravidão"一词，与在巴西的情况不同，"escravidão"在葡萄牙不再意指奴隶制度。或讲，从更广泛的意义出发，"escravatura"一词开始泛指奴隶制度，即本书中所采用的含义。当我想要提及人口买卖时，我会使用"tráfico de escravos"这一表达，且每每涉及受到奴役及强制性劳动剥削的含义时，我会选择使用"escravidão"这个词。

若昂·佩德鲁·马尔克斯

第一章
关于这一切的起源

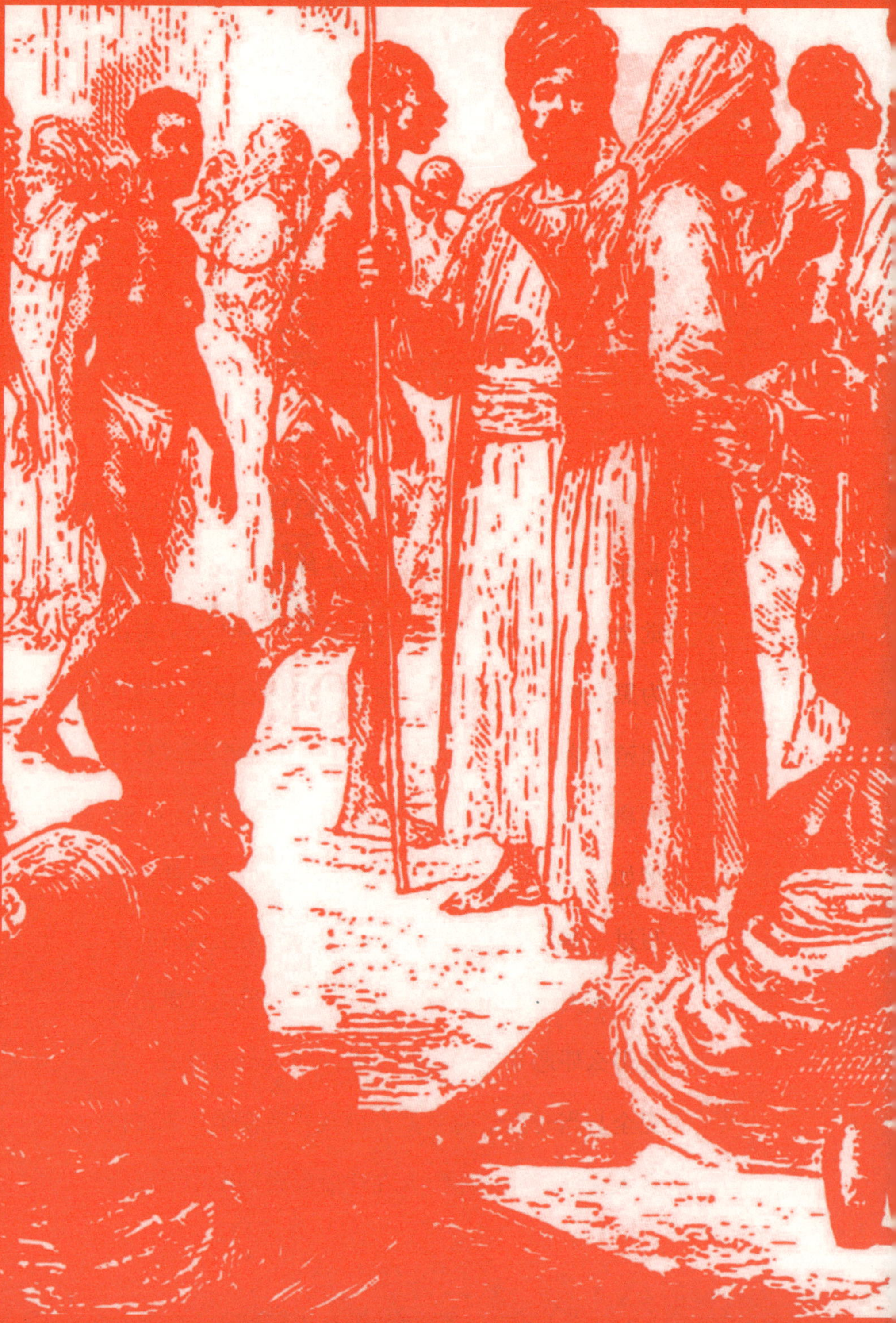

第一章
关于这一切的起源

  18世纪和19世纪，西方世界对于在非洲和亚洲大部分地区所发生的事情知之甚少。所以不觉奇怪，即使是接受过良好教育的渊博人士也认为黑人奴隶制度是由葡萄牙人和其他同道中的欧洲殖民者起首的。再有，曾到过非洲海岸或是近距离了解美洲地区的殖民生活的不同职业人士，例如医生、船长、军人、游客及商人等，他们撰写过一些相关文章，其中所描绘的历史或截然不同，或夹杂过多主观意识，讲述着殖民奴隶制度是多么罪恶累累、残酷至极，令人触目惊心，且完全与当时推崇的自由价值观背道而驰，或许很多人无法想象，非洲人在这般奴隶制度中也可能蹚足其间。在当时的废奴主义者所讲述的历史中，遭受指责的永远是白人及其充满享乐主义、自私且功利的世界，非洲及非洲人民成了无辜的受害者。令人惊讶的是，在 200 年后的今天，依然有人对这段历史持类似简单的看法，而显然没有意识到这与事实相去甚远。

为了让我们更加接近真相，首先需要了解"受奴役，遭剥削"是怎么一回事。

如何定义奴役？

有时我们将自己定义为奴隶，不论是在工作中，又或是时间、言语上等，认为人生就是一场奴役。当然，我们是在比喻，且历史上曾发生着诸如此类的事情，而今仍偶有发生，乐观的是，其性质已变为非法。但事实上，不论在过去又或是现在，到底该如何定义奴役？过去真正意义上的合法奴役又是什么？由于完全遭受奴役的状况呈现多样式，同时二者所涵盖的内容不同，不仅仅指向社会底层阶级人群，所以一定程度上，二者都很难定义。曾有一些奴隶成为当地的显赫人士，坐拥权力与地位，例如在中国皇帝身边的宦官身上发生的那样。跟中国的宦官群体一样，拜占庭帝国的"宦官"也是依靠"贴近皇帝"而逐渐抬高自己的地位。即使在诸如美国南部这样的种植园经济社会背景下，在密西西比河的船上也会出现黑人奴隶领导自由的白人群体，尽管这种情况很少见。

那么，如何定义奴役呢？我们倾向于认为它是一种完全没有自由且遭受残酷的惩罚，又或是承担繁重的工作，甚至是非人道性的状态体现。无可厚非，这些都是受奴役、遭压迫的重要表现特征，但并非其独有的，因为有过如契约劳动或监狱劳动的工作形式，它堪比奴隶劳动，甚至更为沉重，更具致命性。丧失人身自由权利的不仅仅是这些奴隶们，在诸多社会环境中，妇女和未成年人同样没有自由，相反，曾有奴隶拥有绝对的人身自由及自主决策权。体罚也不能作为一个很好的标准来区分奴隶和自由人，因为在世界范围内的许多军队当中，士兵们同样经历过相当严苛的纪律约束，其结果甚至可能导致死亡，多数情况下也正是如此。成为奴隶便意味着丧失作为一个人应有的地位，以及失去被自由人当作保护屏障的原生家庭和社会关系。奴隶是不受保护的，或者至少是一群不受保护的劳动力，因为他的生命已不再归属自己，而成为他人的财产。这就带来了绝对的弱势表现，正是这样的弱势性，连同之前已经提到的其他特征，便定义了奴役状态。

奥兰多·帕特森对66种奴隶制度进行了比较分析，并最终得出结论：对未来的安全感缺失和不确定性都存在于他们之中。从在巴西专门从事甘蔗种植的农业奴隶，到服务马穆卢克军队的高级军事奴隶，又或在某个拥有强权的苏丹的后宫中备受宠爱的女奴，他们所有人都可能被贩卖或遭到杀害，因为他们的存在形式仅仅是一种所有物。不论男性或女性奴隶一生享有何种权利，事实是，随时都可以消失，都可以被剥夺而无须任何预先通知。奴隶的命运始终掌握在其所属主人的手中，正是这种根本意义上的脆弱性表现最能区分奴隶与自由人之间的差别，也最能将其境遇类比为家畜。这种情况曾经被亚里士多德提到过，并且是可能具有历史渊源的，接下来就让我们看看是怎么一回事。

> 参考作品

奥兰多·帕特森.奴隶制度与社会性死亡[M].哈佛大学出版社，1982.

奴役现象是如何产生的？

又从何而来？这个问题没有确定的答案。最早人类的奴役现象很有可能发生在新石器时代，是在对动物进行驯化和饲养之后，得到的技术和实践经验所致。使用在动物身上的工具（铁链、鞭子、烙铁、口套）也被或可能被应用于奴隶，以更好地控制或惩罚他们。实际上，即使是在距离我们很近的历史时期，仍有一些奴隶被当作动物一般对待。例如在公元前2世纪的西西里岛上，奴隶主通常不会去劳作，甚至会尽力地压榨养活奴隶需要的本钱，使得他们如野生动物一般游走于田间，以窃取隔壁庄园的食物来维持生存。

在我们的普遍认知中，奴隶起初仅被当作例如祭祀等仪式中的牺牲品，又或是奴隶主财富和社会地位的象征。后来，农业社会得以发展，农业技术的不断积累为解决粮食积存、人口维系等问题提供了可能性，奴隶也开始在商品和粮食生产系统中发挥经济作用，另外，黑人奴隶的作用还体现在"黑奴繁殖"方面，这为奴隶主带来了巨大的利益。由于其繁殖能力，且顺从性很强，所以关于这个问题，初期最常见的很有可能发生在女性黑奴身上。那么针对那些逃跑和反抗的男性奴隶，或许将按照既定的规则遭到处决。但是所有这些都是推测。在这里我想强调的是，关于奴役这一问题在历史学初期的研究中就有记载，远在公元前3000年的苏美尔和埃及就已经有奴隶的存在，其中就包括来自努比亚（今苏丹）的黑人奴隶。

众所周知，奴役现象的存在具有普遍性，在欧洲、非洲、亚洲、美洲地区的野蛮时期及文明社会都可以看到。因此，可以肯定的是，世界上各地区和人民都在过去的某个时期对该现象有所认知，甚至有时会迁移到现代社会中。正如美国著名奴隶制研究者大卫·布里昂·戴维斯（David Brion Davis）近期提到的那样，几乎可以肯定的是，人类的祖先不论远近都逃离不了两种身份：奴隶或奴隶主。

参考作品

大卫·布里昂·戴维斯.非人的束缚：新世界奴隶制度的兴起和衰落[M].牛津大学出版社，2006.

并不是葡萄牙人开创了海上奴隶贸易

在葡萄牙人开启大航海时代之前，奴隶贩卖就早已在世界各地的一些海域上发生着。特别是在 13~15 世纪的地中海地区，一场奴隶贸易大爆发正蓄势上演。在此期间，来自热那亚或威尼斯等意大利城市的商人参与了买卖亚美尼亚人、保加利亚人、希腊人、格鲁吉亚人及黑海、东地中海沿岸的其他居民。这些白人奴隶被运送到伊斯兰世界的国家和地区，例如叙利亚或埃及，同时还被贩卖到地中海盆地的基督教地区，尤其是意大利和西班牙。在塞浦路斯岛、克里特岛、西西里岛、马略卡岛以及西班牙的东海岸地区，大量奴隶被安排从事蔗糖生产的工作，相对新奇的点在于，中世纪时期，这些奴隶通常是城市工作者。然而，在十字军东征期间，威尼斯人尝试在叙利亚和巴勒斯坦生产蔗糖，并开始种植甘蔗和加工制作用于出口的甜味剂。鉴于这类生产活动属劳动密集型，劳动力投入比重相对较高，因此他们从一开始就诉诸奴隶劳工。得益于意大利人，制糖的方法与技术能够从地中海的东岸发展到西岸，并最终到达了伊比利亚半岛。

1404 年，在热那亚人乔瓦尼·德拉·帕尔马（Giovanni della Palma）的发起下，这种将奴隶劳动与制糖业相结合的地中海奴隶模式首次在葡萄牙阿尔加维地区得以应用。十几年后，在 1420 年，马德拉群岛成为葡萄牙殖民地，那里拥有种植甘蔗所需的适宜温度和水分条件。换句话说，这就开辟了一条大西洋航线，在某种程度上讲，这是地中海航线的延伸。想要了解二者之间的共性，只需知晓在 16 世纪末，仍然可以在大洋彼岸的古巴发现一些希腊和斯拉夫奴隶，这足以清楚地揭示，这条地中海奴隶贸易航线对随后发起的大西洋奴隶贸易的深刻影响。但是，讲到这里我们会问：为什么古巴只有些许白人奴隶？为什么来自黑海沿岸和东地中海地区的奴隶贸易没有得以继续下去？从理论上讲，这些地区的奴隶很有可能被贩卖到美洲大陆充当劳动力。但是，这一点不能得到完全的证实，原因在于两起几乎同一时期发生的事件：

（1）葡萄牙人于15世纪40年代抵达撒哈拉以南的非洲地区，并开始以优惠的价格购入黑人奴隶。

（2）在抵达数年后的1453年，奥斯曼帝国土耳其人攻占了君士坦丁堡，切断了基督教商人进入黑海区域的交通要道。自此，从那些地区收购的奴隶开始完全输向伊斯兰世界和欧洲，而欧洲，或称其为美洲大陆的发现者，手上减少到只有印第安和黑人奴隶，后来便只剩下黑人，其原因我们稍后会在第二章中谈到。

参考作品

查尔斯·维林登. 现代殖民化的开端[M]. 康奈尔大学出版社，1970.

将奴隶制度引入非洲的并不是葡萄牙人（一）

认为非洲人在与葡萄牙人接触之前对奴隶制度毫无认知的观点是错误的。当欧洲人的船只驶达所谓的"黑人之地"时，非洲就已经存在自己的一套奴役方式，关于这一部分内容，我们将在下一小节中提到。并且非洲地区的许多地方，都参与到了远距离奴隶贩运的贸易网络中。公元2世纪，随着骆驼的驯化，以及此后骆驼游牧在撒哈拉沙漠中的蔓延，黑非洲内陆地区成为外部世界可以到达的地方。就这样通过骆驼商队路线，开启了各种非洲财富，包括黄金、象牙和奴隶的贸易活动。而后随着伊斯兰世界的建成，特别是从8世纪开始，由于对黑人男女承担士兵、妃嫔、宦官、打捞珍珠的渔民、矿工等角色的需求不断增长，奴隶贸易不断加剧。出于这样的原因，穆斯林商人开始将撒哈拉以南的非洲纳入一个从坦桑尼亚延伸到尼日利亚北部，再到塞内加尔的庞大商业网络之中，他们不仅在这片广阔的土地上寻找奴隶，甚至还深入森林区域。此外，他们还进行了跨红海和印度洋的黑奴贸易。

不论是以何种方式，不论是海上还是陆路，奴隶贸易都是在非常暴力或残酷的环境下开展的。大部分奴隶主要来源于战俘或通过武力掠夺获取，同时运输奴隶的条件非常简陋且具致命性，例如在跨撒哈拉贩运的情况下，奴隶们需长距离徒步至少1500公里，其间除了面临身体上的疲乏，缺水现象也是不可避免的。19世纪，从英国皇家海军的船员那里得到证实，奴隶贩运船上的运输条件着实令人恐惧，奴隶们像紧密堆叠的木材一样挤在一起，仅靠草垫子隔开。另外，充当宦官角色的奴隶也不可避免地遭受非人的暴力对待，因为其稀缺性同时价格也很高昂，市场对他们有极大的需求量，其中绝大多数，可能大概率达90%，死于因阉割而引起的疾病感染。总共加起来，伊斯兰世界在人口贩运过程中造成的奴隶死亡率应该在10%~25%之间波动，从这一层面对比，它与跨大西洋奴隶贩卖情况相似。

总而言之，关于奴隶贸易，穆斯林的沙漠商队与海上船队是先于基督教世界的商船出现的。

此外，一切都表明，葡萄牙人在非洲海岸购买的第一批奴隶是穆斯林商队途经阿尔金（现毛里塔尼亚）贩运来的。话虽如此，仍不可否认葡萄牙船队的到来再一次加剧非洲奴隶的苦难程度，关于此，我们将在第三章的内容中了解到。

参考作品

罗纳德·西格尔.伊斯兰世界的黑奴：非洲其他黑人侨民的历史[M].大西洋图书公司，2003.

……在 16 世纪末,仍然可以在大洋彼岸的古巴发现一些希腊和斯拉夫奴隶……

当欧洲人的船只驶达所谓的"黑人之地"时，非洲就已经存在自己的一套奴役方式……

将奴隶制度引入非洲的并不是葡萄牙人（二）

在穆斯林和葡萄牙人到达撒哈拉以南非洲之前，那里就已经存在奴隶制度了。在当时的非洲社会，获取奴隶的途径主要是通过战争、掠夺、购买、礼物收受，还有一些为了不至于饿死而自愿为奴的情况。另外，普遍的人口贩卖贸易早已存在，只不过常常会被我们忽略，而不去了解其规模，又或是贩运线路。然而，我们知道，非洲内部发生的奴役状况是广泛存在的，同时其中一些地区在后期也普遍参与到跨大西洋奴隶贩运的队伍之中。我们也了解，奴隶被买来后的用途是多样化的，他们会被用于充军、祭祀，承担苦力工作，如划桨、农耕或货物搬运，特别是在交通闭塞的地区，他们的作用显得尤为突出，另外还有一些奴隶被用来抵扣税款或作为礼物献给权贵。不论他们被购买来的用途是什么，奴隶始终是作为一种服务于群体发展壮大的形式存在。

关于奴隶在群体强化这一方面的作用可以说是非常重要的，它有助于我们了解非洲内部奴役现象的逻辑问题。事实上，非洲土地权属一般归集体所有，不论是国家、部落、宗族还是村落成员，都有权利在土地上耕种并从中收获食物，但是不能进行转让。因此，既然没有人能够通过土地归属及其买卖发展壮大，并且土地所有权具有集体性质，那么就有必要找人来完成劳作耕种任务。当时最明智的做法就是获取可以生产劳作、可以繁殖后代的依附者，其中就包括仆人、妇女，特别是奴隶。这样的经济化策略适用性强且易操作，另外要提到的是，在非洲，群体成员的存在不仅仅是因为其所属性，同时，他们还是该群体的财富构成部分，一份可自用亦可用于交易的财富。当时在非洲是可以通过转让部分或全部人权，以人易物的。例如一个正遭遇经济困境的宗族可以通过临时或永久转让其从属者的使用权给另一宗族，从而换取对方的食物。

总的来讲，在非洲，人们普遍希望以各种形式吸收和积累人口，了解这一点有助于解释非洲内部的奴役现象。那么，既然存在这样的期许，既然人口就是财富且目标是积累这类财富，非洲人又为什么如此心甘情愿地将这些人口卖给穆斯林商人，之后又出售给抵达非洲海岸的葡萄牙和其他欧洲人？

参考作品

苏珊娜·米尔斯,伊戈尔·科普托夫.非洲奴隶制度:历史和人类学观点[M].威斯康星大学出版社,1977.

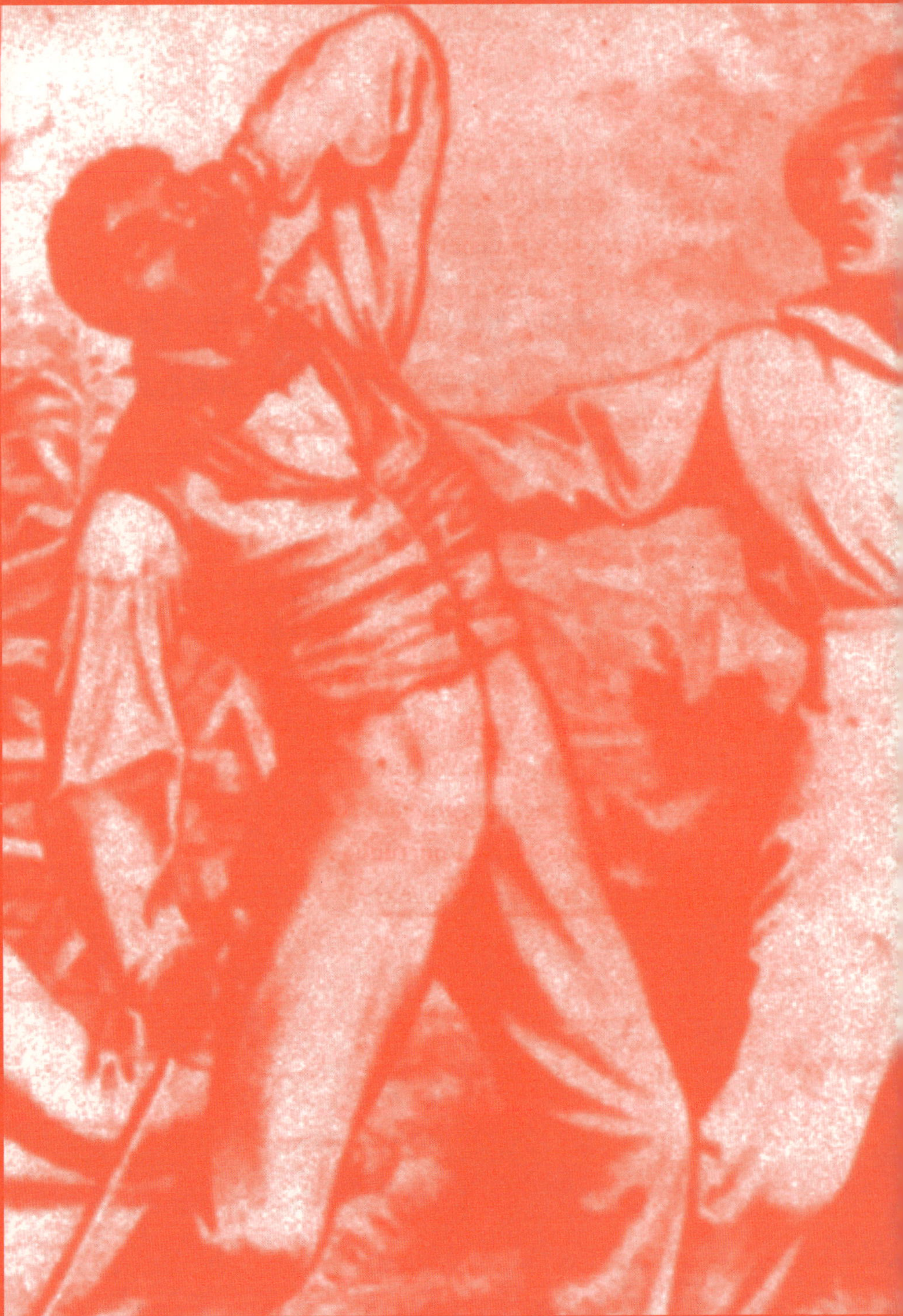

第二章 关于这一切的逻辑

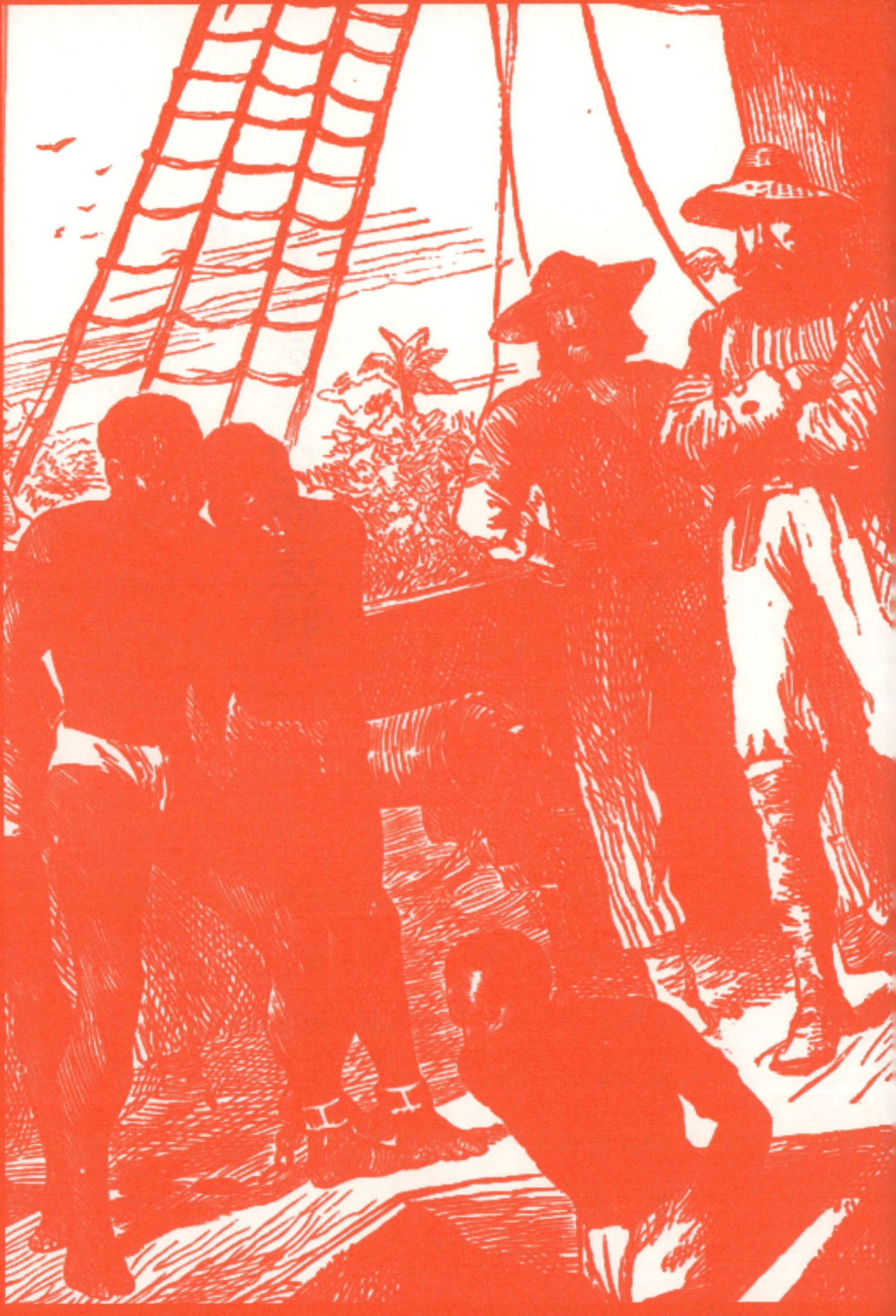

第二章
关于这一切的逻辑

正如当代世界最著名的史学家之一费尔南·布罗代尔（Fernand Braudel）在《文明史纲》(*Grammaaire des Civilisations*)中所说的那样，"黑奴贸易这一罪恶的行径并不是欧洲兴起的"。随着奴隶制度的发展、蔓延，将大西洋东西两岸紧密地联系在一起，严重地破坏了非洲社会的发展，造成非洲数以亿计的精壮劳动力丧失，在非洲大陆上留下了永难抚平的伤痕。不是是非不分的邪恶观念在作祟，而是因为无论是欧洲（或西方）还是非洲都有强大的政治和经济逻辑在驱使。关于其是怎样的逻辑，就欧洲方面，可以说我们已经足够熟悉，在这里就不多作延展了。但是关于非洲在这些事物发展中的逻辑方向，人们普遍知之甚少。本章，我们将就这部分内容深入探讨，其间也会涉及西方世界在这些逻辑与原因中的一两个方面。

为什么非洲人会加入人口贩卖的行列中？

谈到非洲的国王和部落首领，通常会有一种刻板印象存在，认为他们无知、懦弱，又或是碌碌无能。然而并非如此，他们同那些来交易的白人一样，或更显理性与精明。当时，尽管那些白人非常想要做成生意，但是通常是没有办法去强迫非洲本土居民违背自己的意愿或伦理道德去参与其中的。除此之外，我们还知道，非洲的部落首领们有一个首要的政治目标，就是增加人口数量，那么为什么他们要将人口贩卖给葡萄牙人，而后又出售给其他欧洲买家呢？有几种可能的解释，但在我看来，其中约翰·桑顿和约瑟夫·米勒对此的阐释更具合理性。那就是，之所以非洲人会贩卖本土人口，是因为欧洲买家带来了一系列令人难以拒绝的货品进行交易。并不是一些有时候我们认为的生活必需品，而是那些在非洲人眼中的奢侈品。另外，这些货物数量庞大，并且与非洲本土货品相比具有更高的社会价值，也就是说，借此可以获得更多的依附者，不要忘了，这是非洲政治经济的基本价值体现。事实就是，在非洲，由于一个群体或个人的政治权力及威望取决于他所拥有的依附者的数量，因此可以理解为什么非洲人最终加入了贩卖人口的行列，以换取使他们能够获得更多人口数量的商品。对于一位非洲的国王又或是部落首领而言，欧洲制造远比当地同类产品更加物美价廉，也更适合作为礼物赠予其他首领或下属，作为诚心的礼尚往来，他们会回赠奴隶、女人和食物。可以说，仅从政治经济学的角度来看，非洲人是以一种类似于现代企业家的经济策略来开展人口贩卖贸易的。

且在当时那个时期，以贩卖人口来换取物品这种事情，还是很常见的。从另一个层面上讲，非洲的首领和商人所进行的诸如人口贩卖的贸易，早在13~15世纪，克里米亚鞑靼人和黑海沿岸的其他居民就已经开展过了，那就是以售卖奴隶来获取买家提供的货品。我们可能会觉得非洲人奴役并贩卖自己的同胞是一种异常的行为，但是关于这一点，值得被提及的是，"种族"的概念是由西方人提出来的。在17世纪或18世纪，非洲的首领和商人将自己归属于一个特定的民族群体，并且没有视奴隶为他们的"种族"兄弟，甚至都称不上"非洲人"。对于他们而言，奴隶只是他们的私有财产，一类他们有权利用于交易的人群。许多非洲人并没有像欧洲人或阿拉伯人那样拥有一个共同的宗教来帮助他们凝聚在一起，以抵抗同信仰人群被贩卖，很有可能就是这个残酷且具讽刺性的原因，造成奴隶贩卖贸易的发生，随之而来的是巨大的悲剧。而所谓的种族团结和泛非洲主义在当时是根本不存在的。

在这里还有一点需要说明的是，非洲参与到大西洋黑奴贸易中不仅限于供应奴隶。曾有拥有自由身的非洲人在葡萄牙的黑奴船上做水手，有时非洲的统治阶级会承担成本费用并冒着风险亲自将奴隶贩运到美洲，正如在1535年，当时的刚果国王就有过这样的行径。还有过一个非洲奴隶贩子到巴巴多斯贩卖自己的奴隶，而后返回了非洲。

> **参考作品**

约翰·桑顿.大西洋世界形成过程中的非洲及非洲人（1400~1680）[M].剑桥大学出版社，1992.

为什么会坚持做这种血腥残酷的贸易？

比起贩卖人口，或许非洲人会更想要做商品买卖。例如，在米纳地区（位于今天的加纳），他们就曾开展非正常贸易，通过出售黄金来换取葡萄牙人提供给他们的奴隶，以此用于开采更多的黄金。但是可以确认的是，除去该矿区和其他矿区的黄金供应，非洲的生产能力无法保证充足和定期地供应象牙、蜂蜡和其他产品，用于购买来自欧洲的布匹和其他物品。

在非洲的领导阶级中不乏一些精明且理性的人物，他们选择抵制人口贩卖，而之所以其中大多数人未曾尝试加入其中或以失败告终，是因为贩运活动已然形成了一套难以打破的机制。西方人所提供的物品，对于非洲统治阶级在权力维护方面很重要或是必不可少的，甚至是用于防御敌人，如步枪和火药。由于不具备制造船只和枪炮的技术，如果再放弃欧洲方面此类物品的供给，那么就将致使他们非常容易遭受附庸者、邻近部落或邻国的攻击。再看这场贸易的另一方，对于葡萄牙人（和其他欧洲人）而言则需要劳动力。面对不断增长的热带农产品消费需求，需要依靠引进奴隶来作为劳动力补充，尤其是对于属劳动密集型的制糖业来说更是如此，因为甘蔗在砍收后，需在 48 小时内进行榨汁加工，否则就会造成水分丧失、汁液苦涩等问题。

黑人奴隶制度从一开始就不可避免地与蔗糖联系在一起。15 世纪，为了获取更多的劳动力，葡萄牙人开始成规模地将黑人奴隶贩卖至马德拉群岛，在当时这些奴隶每年已经能够生产 700 吨蔗糖。之后，古巴、非洲几内亚开始生产甜味剂，晚一些时候，巴西也开始生产该产品。巴西东北部地区拥有大量的空闲土地，并且土壤和气候类型很适宜种植甘蔗，得益于这样的条件，蔗糖产量呈指数增长。到 16 世纪末，古巴一个制糖厂的年均产量已达 10 吨，圣多美地区蔗糖产量达 19 吨，马德拉群岛为 23 吨，而巴西则已拥有高达 78 吨的蔗糖年均产量。17 世纪初期，巴西每年已经能够生产 1 万吨蔗糖，到了 1620 年，该地区蔗糖年产量增至 2 万吨。

那么，在产量提升的背后有着怎样的驱动力？那便是在非洲购买更多的奴隶。此外，从17世纪开始，所有的欧洲殖民者开始在蔗糖和其他热带农产品的生产方面与葡萄牙人开展竞争，他们都选择通过购买黑奴，用最低的成本，花最短的时间来直接解决矿区及种植园的劳动力需求问题，这样一来就扩大和加强了黑奴贸易机制。正如布罗代尔曾提到的，发生这样的情况并非事前预谋而有意剥削非洲，也不是源于商业资本主义逻辑中不可避免的经济决定论，只是当时一系列的疾病、商业及战略环境所致，推动人类选择朝着这个方向发展。在当时的科技水平下，考虑到非洲海岸所面临的政治和卫生状况，殖民美洲土地比殖民非洲土地来得更容易。或许这非常令人难以置信，当西方人在欧洲为了自由而竭尽全力的时候，他们同时在美洲发展一套以奴隶劳动为基础的商业体系。

参考作品

斯图尔特·施瓦茨.巴西社会形成中的糖业种植园:巴伊亚地区(1550~1835)[M].剑桥大学出版社,1985.

奴隶贸易对非洲人造成的影响

为了支付进口布匹、酒类以及诸多其他在当地社会备受追捧的商品,非洲的国王和首领起初会先行将罪犯和那些不被需要、没有用处的人卖作奴隶,但他们很快转向采取绑架和战争等一些特殊手段以充实奴隶资源,目的是跟上新大西洋经济发展需求的脚步。通过频繁地对邻国发动战争,他们很快俘获了大量的战俘,致使非洲的面貌开始发生深刻的变化。战争除了造成破坏和社会混乱之外，还极易引发国内政治崩溃，原因在于非洲王国采取的是分段管理的模式，也就是说，他们是由独立存在的团体构成，政治制度具有传统性且相互间拥有同等的法律和经济体系。

有时，非洲国家会放弃通过战争的方式，转而采取更商业化的策略来获取奴隶，那就是选择从其他国家购买奴隶，这也就意味着将暴力行径转嫁给了其他国家。如此，在多米诺骨牌效应的缓慢作用下，战争由边界正在向内陆推进，从而形成了一些靠掠夺大量俘虏发展壮大的国家，包括达荷美和卡桑奇王国。其中，卡桑奇王国所在地安哥拉，就是战争向非洲内部蔓延的一个很好的例子。18世纪初期，战争已经从卡桑奇蔓延至隆达，随其扩散，到了19世纪中叶，战火就已燃烧到了上赞贝泽地区。

战争的浪潮越向内陆推进，后方相对和平的区域就越大，非洲的首领们认识到如何做一名优秀的生意人，通过利用自己中间商的地位，周旋于非洲大陆上掠捕当地居民为奴的王国和在非洲海岸购买奴隶的西方奴隶贩子之间。他们不单纯是充当奴隶贸易的"中间通道"，还有悉心管理其所拥有的存货（黑奴）以及供需之间的紧张关系。其中，男性黑奴的市场需求量较高，也是葡萄牙人（和其他欧洲人）的首选，被贩运到美洲的非洲人中有66%是男性。奴隶贸易中这种对黑奴性别的偏好造成当地人口性别失衡，面对这样的问题，也给了作为中间商的非洲王国为其所用的一个机会。再次提醒，在非洲，象征财富的并不是金钱，而是人。所以，作为一种合理的解释，非洲的首领们很有可能在促进女性生育方面施压，以提高人口数量，便于继续开展奴隶贸易活动，这样一来也减少了对本土资源的耗费，另外，葡萄牙人从美洲带来的木薯被作为资源补给也帮助养活了更多的人口。根据18世纪70年代末期对安哥拉地区人口的普查显示，女性的数量几乎是男性的两倍。这样的"繁殖"策略在安哥拉这个案例中展现得非常清楚，似乎也已被西非其他地区所采用。因此，在跨大西洋的奴隶贸易下，大多数的女奴不会遭到贩卖，她们将留在本土生育更多的新奴隶。换句话说，欧洲人的到来，改变了非洲的面貌，面对这样的新环境，非洲一直在随形势进行自我调整，以满足日益增长的劳动力需求，同时可悲的是，在这种随机应变中，非洲变成了一处遍地弥漫着战争的硝烟，女性沦为生育工具的地方。

参考作品

帕特里克·曼宁.奴隶制度及非洲生活：东

西方和非洲奴隶贸易[M].剑桥大学出版社,2002.

葡萄牙人是如何看待奴隶制度的？

作为基督教国家，葡萄牙（和其他基督教国家）是不允许奴役基督教徒的，但是可以接受奴役摩尔人、黑人和其他异教徒。然而，这并不意味着受过良好教育的人不关心他们的所见所闻。他们会粗暴或冷漠地将奴隶视为易于替代的一件物品，但是与此同时，总有些人会对他人不幸的遭遇寄予同情，看到黑人被对待的方式而感到毛骨悚然。因为即使是动物，尚且能有情有义，会因同类的死去而感到悲伤。生而为人且同为亚当之子的他们，看到那些男女与孩童所遭受的苦难，怎能没有感触？

戈梅斯·埃阿内斯·德·祖拉拉（Gomes Eanes de Zurara）是葡萄牙古代著名的编年史学家，在记述大批黑人奴隶首次登陆拉各斯时提出了这一引人深思、不免令人焦虑的问题。和祖拉拉一样有相同忧虑的人不在少数。随着时间的推移，不论是以何种形式出现，贯穿奴隶制度始终的基本矛盾是：将奴隶既视为一个人，同时也看作一件物。因此，在思想上和以西方文化为背景下，面对奴隶制度问题，葡萄牙人和其他欧洲人始终在为这种矛盾引发的道德压力寻找合理的理由。进而，历史不断变迁，奴隶制度被认为是罪恶的产物，或是拯救灵魂和开化野蛮人的一种方式，又或者是将所有这些结合在一起。再者基于有关奴隶制度的意识形态问题的新认识，认为在世界范围内，借助奴隶制度可实现利益最大化或负面最小化。普谈到非洲的国王和部落首领,通常会有一种刻板印象存在,认为他们无知、懦弱,又或是碌碌无能。然而并非如此,他们同那些来交易的白人一样或更显理性与精明。

……大多数的女奴不会遭到贩卖,她们将留在本土生育更多的新奴隶。

遍来讲，原因在于欧洲国家的繁荣依赖于殖民地农业发展的蓬勃态势；同时又是非洲奴隶劳作的结果，他们在非洲很少或根本没有价值体现，但在美洲，却极有利地作用于各国的普遍利益。令人感到悲哀的是，非洲人无法逃避遭受奴役的结果，但这曾是人口动态问题引起的，因为在土地富饶而人口稀少的美洲地区，土地资源人均享有率极高，每个人都能拥有一小块儿耕地，或生产热带农作物，其间大多数人会想要逃避因生产而带来的艰苦的劳作。甚至是孟德斯鸠，一位主张奴役行为与自然法背道而驰的法国著名思想家，也认为这样的举措适用于热带国家，因为在那里，只有对惩罚的恐惧才会迫使人们去完成那些繁重的体力劳动。所以，在殖民地，对黑人的奴役便是必不可少的。另外，能够去往美洲大陆也是出于非洲人自身的想法，因为当时的非洲被认为是一块残酷且无章法的土地。基于此，对于所有的参与方来说，包括奴隶在内，奴隶贩运和奴役行为可以产生最大的益处或最小的弊端，奴隶宁可被贩卖也不愿失去生命。另外从精神层面来讲，奴役行为被作为在黑人中传播真正的宗教信仰的一种手段。

从 15 世纪到 19 世纪初，从戈梅斯·埃阿内斯·德·祖拉拉再到主教阿泽雷杜·科蒂尼奥（Azeredo Coutinho），后者曾公开支持黑人奴隶制度的合理性和适用性，从一定程度上讲，这或多或少是许多葡萄牙人的想法。

参考作品

若昂·佩德鲁·马尔克斯. 葡萄牙及黑人奴隶制度[M]. 社会科学出版社，2004.

为什么用黑人做奴隶而不是印第安人？

自 16 世纪初以来，为了保护印第安人并防止他们受到奴役，阿隆祖·德·祖阿祖（Alonzo de Zuazo）、巴托洛梅·德·拉斯·卡萨斯（Bartolomé de las Casas）、曼努埃尔·达·诺布雷加（Manuel da Nóbrega）及其他一些教士建议引进黑奴来替代土著居民充当奴隶。

为什么会有这种双重标准？这是由于印第安人和非洲人所处的不同的环境和社会行为习惯所致。来自欧洲的旅行者和传教士明显倾向于将美洲大陆视为一个无限接近自然的理想世界，一处伊甸园，在那里生活的人们单纯且善良，如被驱逐出天堂前的亚当一般。在那些欧洲人看来，这里的印第安人并不知道什么是奴隶制度，也不明白何为被支配的、从属的地位。那么，如果是这样的话，他们如何能够奴役这些很明显对罪恶一无所知的民族呢？当然，一直以来，也有一些不同的声音，甚至是在教会的人当中，也有一些人认为美洲地区就是一个消极、贫瘠和野蛮的地方，而印第安人作为非基督教徒，行着各种违背自然的事情，因此理应沦为奴隶。但是，在意见的对峙中，解放印第安人的倾向占了上风，并且制定了一系列法规条例对其加以保护，这离不开包括拉斯·卡萨斯（Las Casas）、让-巴蒂斯特·杜特（Jean-Baptiste du Tertre）或是安东尼奥·维埃拉（António Vieira）等在内的拥护者的支持。

然而当时人们对黑人的看法则完全不同。其中有些人是穆斯林，往往指的是摩尔人。尽管他们从未受到旧大陆时代的任何影响，也没有接受过使徒亲传的教义教规，但是对商业、农业和奴役行为已然有所了解。因此，对非洲人的奴役现象是普遍存在的，即便这样的行为被认为是残酷的。更倾向于奴役非洲人也是有实际原因的，那就是印第安人不适宜繁重的田间劳动，一个黑人奴隶顶得上好几个印第安人，另外，非洲人对欧洲人身上携带的疾病具有较强的抵抗力，并且熟悉如何开展农业生产和矿产资源开采。相反，印第安人在自己的土地上反抗意识强烈，他们会想方设法逃避遭受殖民奴役，因为这对他们来讲很难理解和接受，结局就是遭到殖民者残酷的杀戮。

出于以上所有这些原因，存在于黑人和印第安人之间的双重标准在当时持续存在并且经历了几个世纪而不变。19世纪初，阿泽雷杜·科蒂尼奥主教依旧认为："在大航海时代，非洲黑人和印第安人所处的环境各不相同，出台的法规条例同样多种；并且由于法律的公正性并非绝对，而是需要具体情况具体分析，因而涉及二者的相关法律，包括禁止奴役印第安人，或是允许使用黑人奴隶，都是合理合法的。"

参考作品

大卫·布里昂·戴维斯.西方文化中的奴隶制问题[M].牛津大学出版社，1988.

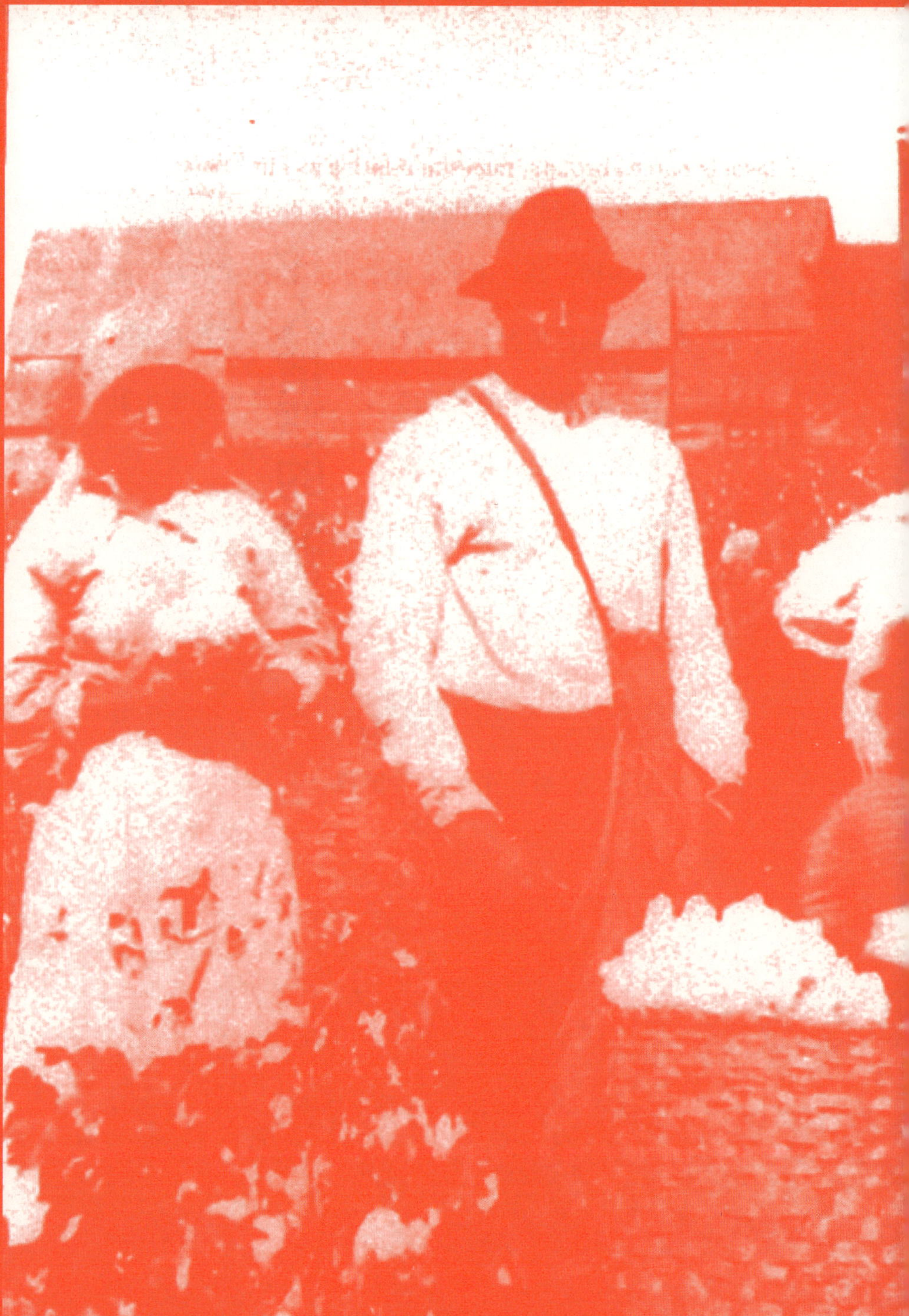

第三章

令人憎恶的交易

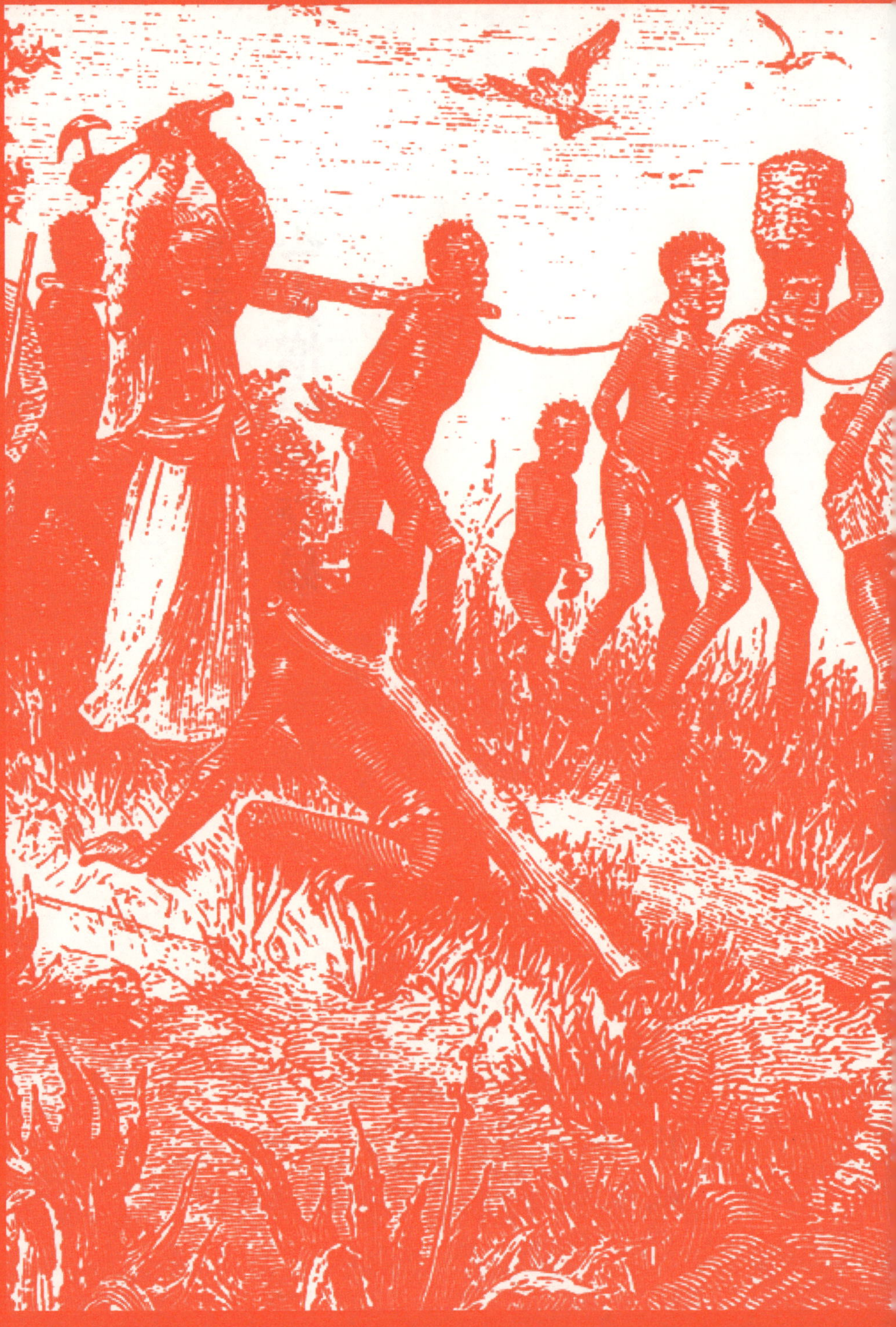

第三章
令人憎恶的交易

在 18 世纪后 1/3 的时间里，西方世界存在一种普遍现象，很多受过良好教育的人，还有一些感性的人都认为他们的享受与快乐是建立在黑人的痛苦之上的。例如，1773 年，在法国作家贝尔纳丹·德·圣皮埃尔（Bernardin de Saint-Pierre）出版的《法兰西岛、波旁岛与好望角纪游》（*Voyage à l'Isle de France, à l'Isle de Bourbon, et au Cap de Bonne-Espérance*）当中，就曾写下这样一段话："感性的女人啊，让你们欢愉的那些事情浸透了泪水，染满了鲜血。"这无疑是在提醒当时的女士想到她们吃的糖、巧克力，喝的咖啡，又或是穿的用精美棉布制作的连衣裙都是出自那不幸的黑人奴隶的双手。在这里，贝尔纳丹只是想要他们在知道自己的物质享受是以如此不公正的方式供给的之后，能唤起那些富有同情心的灵魂一丝悔意。

但是作者并没有忽略，也几乎没有人可以无视，因殖民地的产品而带来的社会影响远不止停留在享用者的快乐与其或然的悔恨这一层。殖民国家通过美洲种植园经济获取了大量的财富，进而壮大了他们的帝国。而奴隶贩运却没有带来同等效应，其在以往通常是一种规模较小且悲惨的贸易，对此我们将在下面谈到。

但是就非洲方面而言，便不能以同类的标准来相提并论了，因为那里的损益计量方式不同。然而，有一点是可以肯定的：如果有许多非洲人从跨大西洋贸易中获利，那么就会有奴隶在极大的痛苦之中失去自由、财物、家庭和社会关系，甚至很多时候还会失去自己的生命。

奴隶的悲惨世界（一）

奴隶一旦通过掠夺或战争被捕获，便开启了他们的苦难之旅。接下来，取决于起点和目的地，等待他们的可能是去往海岸地区的一段漫长而痛苦的跋涉，且奴隶很少在其被捕获地点遭到贩卖。通常情况下，捕获者会押着他们的战利品步行几日，直到远离被俘虏者的亲属，令他们无法打探到任何消息，那时才会将俘虏卖给第一批买家。有时候，买卖期间还会出现那么几个中间商。一些到达罗安达等待被出口的奴隶可能已经自安哥拉内陆地区走了整整六个月或更长的时间了，而且有一些要在非洲西海岸上船的奴隶是从东海岸运过来的，其间可能已经在非洲内陆被贩卖了多次。

为了减少奴隶逃跑的风险,在旅途中,奴隶商队的首领会用铁链或木枷将他们绑在一起,并在头几天不允许他们睡觉,因此引起的疲惫感会令他们无力再去反抗。这种状态可能要持续数月之久,能挨过这段地狱般日子的只有少数,何况就连他们的餐食也只有木薯粉制品而已,根本无法让他们恢复体力。当其中的幸存者们到达海岸的时候,如果已经有船只在等待,那么将会立即被安排上船,或者是在肮脏的草棚和露天院子里等待,与猪群和那些只剩下最后一口气的将死之人共处。

上船之前,他们通常会被通红的烙铁在身上烙下买主的标记,还有些情况是他们早已经在被捕获的时候就被他们的非洲主人烙上了标识。在安哥拉,这种标记行为被称为"carimbar"(由"carimbo"派生,源于金邦杜语"karimbu",意为记号)。19世纪初,出于人道主义的考虑,葡萄牙政府勒令禁止继续实行这种在人的皮肤和肉体上标记财产所有权的野蛮方法，取而代之的是使用项圈或手环，上面可登记每个奴隶对应的主人的姓名。但是好景不长，这种体现人道主义的新举措仅仅持续了五年。问题出在黑奴船船长身上，在大西洋航行期间，他们通过调换奴隶身上的项圈与手环来欺诈买家，因此不得不重新开始使用烙铁来做标记。葡萄牙政府发现，这种抹不去且无法替换的烙印是唯一能够制止类似欺骗行为的方式，只是令人感到遗憾的是，这种反欺诈举措是建立在奴隶的痛苦之上的。

这种苦难被英国人称为"中途航道"（The Middle Passage），即横渡大西洋时继续上演。

参考作品

约瑟夫·米勒.死亡之路：商业资本主义

与安哥拉奴隶贸易（1730~1830）[M].威斯康星大学出版社，1988.

奴隶的悲惨世界（二）

在跨大西洋奴隶贸易的整整400年历史中，使用了各种类型的船只，从最开始使用的小型帆船，再到19世纪中期开始使用蒸汽轮船。然而，无论是哪种船型，也无论其大小和载货量如何，船上的条件普遍极其恶劣，关于船只的载重是多少没有既定的标准，即使有，也因为种种原因而无人去遵守，其中就包括船东和奴隶主之间的利益冲突。当那些小船主仅作为他人奴隶的承运人时，例如在安哥拉的奴隶贸易中发生的那样，那么他们首要关心的是能带走最多数量的黑人，而无视运输条件如何，因为他们只对装载量感兴趣。

由于黑奴船上本来就极其恶劣的条件，再加上过度拥挤的状况便进一步逼近人类能承受的极限。在人口贩运盛行的时期，海上人口运输的条件通常都极其艰苦，尤其是押送囚犯时。但非洲奴隶的情况更糟，甚至是地狱般的，他们几乎没有活动空间，一个紧挨着一个靠在一起长达一个月或更长时间，在那令人窒息的环境中，到处被粪便和尿液包围，就像生活在牲畜的圈舍里一样。

船上的条件除了极其恶劣之外，也可能是致命的。因此，在安哥拉，黑奴船被比作灵柩，即通往坟墓的罪恶之船。但是，与通常大家所认定的相反，造成奴隶死亡的原因不仅仅是由于遭受虐待和船上幽闭的环境。其中，10%或20%的死亡率主要是由于疾病和许多奴隶登船时身体高度虚弱造成的。实际上，在所研究的案例中，似乎大多数的奴隶死亡事件都发生在远洋航行的初始阶段，而不是最后阶段，按道理越往后，对奴隶的消耗越大，理应越发脆弱。但是相反，仅经过几天的海上航行之后，在黑奴当中就会经常出现几个坏血病病例，这完全不能以船上的条件来说明情况，因为这种疾病只有在持续缺乏维生素C的4~6个月后才能表现出来。

到达美洲后，奴隶的命运变得更加多舛，等待他们的是极其艰苦的劳作，比如那些经常要浸泡在冷水中工作的矿工奴隶，和那些负责割榨甘蔗或在酷热的制糖厂工作的种植园奴隶。奴隶每天要在糖厂工作近18个小时，常常筋疲力尽。而且这样的情况会不停持续9到10个月之久，刚好是糖料作物的收获周期。据同时代的人讲，身处巴西的非洲黑奴的平均工作寿命为7年，正如我们所了解的那样，到了18世纪末，当地出生的奴隶平均寿命也仅达 23 岁。

简而言之,被迫从非洲迁移到海外地区意味着一系列的磨难接踵而至,甚至要付出以生命为赌注的高昂代价。据估算,平均而言,在安哥拉被捕的 100 名奴隶中,有 25 名会死于被捕获的时候或被运送到内陆集市的途中;而后另外 11 名可能会在前往海岸地区或移交给葡萄牙人的过程中丧命;再有 7 个人不堪忍受罗安达或本吉拉棚屋和院子的环境而死去;在幸存者中,有 6 人会在运往美洲的途中丧生;最后在到达美洲殖民地的初期阶段又会丧失 23 名奴隶,这样下来 4 年过后,最初的 100 个人当中只剩下了 28 人。

参考作品

罗杰·安斯蒂.大西洋奴隶贸易及英国废奴运动(1760~1810)[M].麦克米伦出版社,1975.

奴隶的悲惨世界（三）

不论是运输条件还是劳动环境，我们都很清楚地了解奴隶所遭受的境遇极其艰难，但是他们的苦难并不止于此，还有一些方面是不为人了解的，涉及更自我、更本质方面的情况。奴隶大多是文盲，所以很难留给后人见证他们生活和真实感受的些许印记。我们现在能查阅到的相当数量的前奴隶叙事多是在19世纪留下的，在这之前就很少有，甚至几乎没有什么相关载录。尽管如此，仍有足够多的间接因素可以让人们意识到人口贩卖给奴隶带来的巨大的心理痛苦。痛苦，绝望，失去亲人，另伴随着身体上所承受的极度虚脱和疼痛，可能会导致奴隶进入深度的抑郁状态，令他们极度乏力且倍感忧郁，不愿在这世间再多停留一秒。很多时候，这种抑郁状态是因悲伤和恐惧而引起的，但这些都是负责运送他们的水手所无视的地方，这些水手粗野到漠不关心他们所讲的语言和他们的生活习惯。不乏一些具有人道主义精神和洞察力极强的欧洲人开始意识到事态发展的这一层面，并且坚持认为有必要避免任何可能会加剧非洲人痛苦的行为方式。黑奴的主保圣人耶稣会传教士佩德罗·克拉韦尔（Pedro Claver）甚至会下到黑奴船的船舱内去安抚那些刚刚靠岸卡塔赫纳（哥伦比亚）的奴隶，小心翼翼地亲吻他们，一个接着一个。

但是显然，这样的人物在当时那个时期是个例。参与到这项贸易之中的绝大多数人根本不会关心这些细节或奴隶的感受，甚至不会想到当白人很少洗衣服或从不洗衣服的时候，那些人身上的气味可能会令大多数非洲人感到不适与反感，相反，黑人们经常洗澡，还会擦油来软化皮肤。

带给奴隶精神折磨的还有他们自身对外部世界的知觉信念，其中也包括对欧洲人的意图这一层面的构建。在西非人眼中，一旦登上那艘船就意味着踏上了通向亡灵之地的旅途，他们认为在那里会遭到白人的杀害，他们的躯体会遭到多用途利用，好似对待家畜一般。他们的四肢会被挤压来提炼油脂，他们的大脑会被加工成奶酪，他们的鲜血会成为制作红酒的原材料，他们的皮肤将会被用来制造白人穿的深色鞋子，他们的骨头会被碾碎用来制作火药，还有他们身上的肉会成为白人的盘中餐。在非洲人眼中，白人是恐怖的食人族。有传言说西班牙人会把他们切成碎片，加盐然后吃掉，这也引起了在"阿米斯塔德号"货船上发生奴隶起义：1839年，"阿米斯塔德号"货船上的53

第三章
令人憎恶的交易

名非洲奴隶在被运往美国的途中，奋起反抗，力争自由。这场奴隶起义事件能被大家所了解要特别感谢史蒂文·斯皮尔伯格导演拍摄的一部名为《勇者无惧》（又译《阿米斯塔德》）的电影作品。

　　大海、白人、贩奴船，这些存在于人口贩运世界的一切对于那些奴隶来讲都是未知的、不曾接触过的事物，这无疑会加剧奴隶的恐惧感，甚至让他们无法忍受。奥拉达·艾奎亚诺（Olaudah Equiano）是一名非洲人，小时候在今天的尼日利亚地区被虏获并遭到贩卖，之后他攒下足够的钱赎回了自由身，移居伦敦并成为一名作家，在他的作品中罕见地记录下了为奴时那些可怕的时刻。看到那些顶着漂白的头发，脸色苍白又或是泛着红晕的人们在那里等待着他，一下子似乎被恶魔的灵魂附体，看着船上做饭用的那口大锅，船上的条件除了极其恶劣之外，也可能是致命的。因此，在安哥拉，黑奴船被比作灵柩，即通往坟墓的罪恶之船。

总的来看，伊斯兰世界的奴隶贸易在规模上要远大于跨大西洋的奴隶贸易。

竟认为它是用来烹煮黑人的，于是他失去了知觉，昏厥过去。艾奎亚诺的叙述很好地展示了一名奴隶无论是身体上还是心理上所遭受的种种折磨。这并非个例，成千上万的人都曾有过类似的经历。

参考作品

奥拉达·艾奎亚诺.一个非洲黑奴的自传[M].现代图书馆，2004.

数据

截至20世纪60年代末期，没有人确切知道在跨大西洋奴隶贩运中有多少非洲奴隶被运到美洲殖民地，其中运送到欧洲的占极少部分。奥利韦拉·马尔廷斯（Oliveira Martins）等一部分学者认为有2000万黑奴被运往美洲，但其他人则倾向于4000万，这样的预测非常不现实，并没有考虑到在大西洋航线上是否存在足够多的商船来运输如此数量的奴隶。经过了数十年的深入研究，今天我们对于在跨大西洋奴隶贩运中涉及的黑奴数量问题已经拥有非常可靠的数据来源，并且这些数据是公开的，所有人都可以通过网络查询到，例如接下来的这张表格，是我根据"跨大西洋奴隶贸易数据库"(Trans-Atlantic Slave Trade Database)获取的数据编辑完成。

西方国家跨大西洋奴隶贩运

(其中一些美洲殖民地在独立后继续进口奴隶劳动力,我将它们的名字列在其前宗主国后面)

从非洲海岸输出的奴隶数量

时期	葡萄牙/巴西	西班牙/乌拉圭	英国/美国	荷兰	法国	波罗的海国家	各国每半世纪总数
1501~1550	32387	31738	—	—	—	—	64125
1551~1600	121804	88223	1922	1365	66	—	213380
1601~1650	469128	127809	34519	33558	1827	1053	667894
1651~1700	542064	18461	397894	186373	36608	26338	1207738
1701~1750	1011343	—	1001920	156911	380034	10626	2560634
1751~1800	1201860	10654	1732681	173103	758978	56708	3933984
1801~1850	2460570	568815	395354	3026	203890	16316	3647971
1851~1900	9309	215824	476	—	—	—	225609

（续表）

时期	葡萄牙/巴西	西班牙/乌拉圭	英国/美国	荷兰	法国	波罗的海国家	各国每半世纪总数
总数	5848265	1061524	3564766	554336	1381403	111041	12521335

注：表中体现的截止年份为 1900 年，但最后一次我们了解的黑奴贸易发生于 1866 年。从那时起，跨大西洋奴隶贩运画上了句号，但也有人提出过不同意见。在这里并未遵循原本数据库中每 10 年一个时间截面的时间节点划分。

另外还有一些非洲奴隶进口地区没有在表格中体现，如米纳、马斯卡伦哈斯、佛得角以及圣多美和普林西比。有必要补充的一点是，葡萄牙人在 15 世纪向欧洲、马德拉岛和加那利群岛进行的奴隶贩卖活动涉及黑奴数量大概有 3.5 万人。

从这些数据中我们可以看到，葡萄牙和巴西所参与的奴隶贸易是最持久，也是规模最大的。我们还了解到，从 17 世纪中叶开始，贩运黑奴的数量明显增加，到了 18 世纪和 19 世纪上半叶已然达到非常高的数量。另外，数据还显示，总共有大约 1250 万人被迫从非洲被运送到白人的土地上。需要指出的是，其中，实际到达目的港的只有 1070 万人，也就是说，有 180 万名非洲人死于航行前或海上航行的途中。这些数字是相当惊人的，但是，很不幸，它们出现在一个奴隶制度具有普遍性的时代和世界之中，所以应该以比较的方式来分析这些数据，以更好地构建和理解它们的维度及含义。

参考资料

跨大西洋奴隶贸易数据库[EB/OL].www.slavevoyages.org.

预估数据

有关伊斯兰世界黑奴进口的数据不如我们对跨大西洋奴隶贸易所了解的那般精确、可信。想要确认这些数据更是难上加难，因为这些商队在穿越撒哈拉沙漠途中会有队伍合并或分散，与位处非洲沿海地区的船队所采用的会计和记录方式不同。因此，我们只能够根据编年史、商业文件和奴隶接收国的黑人及奴隶人口普查来估计穆斯林奴隶贩运的情况。只不过在这些统计方法中，不论选择哪一类都容易出现估算错误。

那么，根据以上提出的数据收集建议粗略估计，认为从650年到1500年，在跨大西洋奴隶贸易开展之前，黑非洲就已经向伊斯兰世界售出600万名奴隶。紧接着，从1501年到20世纪初，有另外550万名奴隶被贩卖到此，加起来共有1150万人，更有一些尖锐派学者将估算人数提升至1700万。尽管这些数据可能不精确，但是也给出一个数量级，让我们能够对伊斯兰世界贩运的奴隶数量有一定的了解，另外要知道这仅代表伊斯兰世界中存在的一小部分来自非洲的奴隶而已，还有从诸多其他地区进口的奴隶没有算进去。9世纪到14世纪，在伊斯兰世界的中心区域，黑奴数量庞大，与此同时也有许多来自高加索、土耳其和蒙古草原的奴隶，他们常常被强制充军。另外欧洲奴隶的数量也不在少数，通过以下两个例子足以让我们了解这个问题：

（1）15世纪中叶到16世纪末，克里米亚鞑靼人俘虏了近250万名来自乌克兰、波兰和俄罗斯的奴隶,并将他们卖给了奥斯曼帝国。

(2)15世纪到18世纪末,北非海盗(特别是阿尔及利亚和摩洛哥海盗)经常袭击意大利、西班牙南部、葡萄牙的沿海城镇,甚至进犯英格兰和冰岛的沿海地区。通过袭击和掠夺,他们获取了125万名基督徒奴隶。

总的来看,伊斯兰世界的奴隶贸易在规模上要远大于跨大西洋的奴隶贸易。与此同时,尽管确信度不高,但据说,在非洲内部地区,奴隶贩卖活动猖獗,被奴役和买卖的非洲男女总人数在1400万左右。由此我们可以看出,不论是非洲内部还是外部地区,各部分在贩卖奴隶的数量上是相等的。但是不论是在哪个国家或地区,是否都存在相当的奴役行为呢?

> 参考作品

威廉·格瓦斯·克拉伦斯－史密斯. 伊斯兰教与奴隶制度的废除 [M]. 牛津大学出版社，2006.

美洲的奴役行为会比其他地区更加残酷吗？

人们常听说非洲社会或伊斯兰世界的奴役行为比起葡萄牙人（和其他欧洲人）在大西洋诸岛和美洲地区更为温和。经常被强调的是，在非洲社会存在一些身居高位的奴隶，担任高级社会或军事职务，这种现象表明，与西方世界不同，非洲地区的奴隶是有可能提升自己的社会地位的。但是这个结论是具有误导性的，因为一个奴隶是否地位显赫并不能证明社会流动性的存在。比如在非洲，还有在奥斯曼帝国，那些担任重要职务的奴隶并没有通过按台阶一步步由底层往上爬升这样的模式实现晋升，而是为了专门执行那些职能特别获取的。另外，在非洲或亚洲社会中，存在履行高级社会或军事职能奴隶这一事实并不一定意味着一个良性架构。例如，在古罗马也发生了同样的情况，但在其奴隶制度框架下并没有产生任何益处。

的确，在许多非洲社会中，奴隶的处境似乎并不是特别悲观，而且普遍能够以奴隶身份获得与主人相同的生活品质，甚至变得很有权势，有获取奴隶的权利。另外身处那样的社会背景，自由人有时也可能遭到贩卖。此外，有证据显示在非洲社会中也同样存在一些极不人道的行径。例如，在19世纪中叶，英国皇家海军上尉弗雷德里克·福布斯（Frederick Forbes）为了宣传英国的废除奴隶制法令来到达荷美王国（现贝宁），并在之后描述了当地是如何以残酷的方式对待奴隶的。

当我们谈论奴役行为的严酷性时，就必须采取相对分层的标准，并且不要忘记不管怎样，奴隶生活的时代都是极其艰难的。例如，在热那亚地区，那些无家可归的穷人为了熬过严冬会临时将自己卖去划桨。另外在美洲地区，艰苦的情境也不尽相同，例如在巴伊亚种植园所实行的奴役就大不同于萨尔瓦多或里约热内卢地区。需要补充的是，在最严苛的奴隶制度下也可能更容易实现奴隶解放。

说到这里，大家需要了解的是美洲地区实行的殖民奴役通常要比非洲内部和伊斯兰地区更为残酷，但是很难就各种奴隶制度的严苛程度建立一个等级标准。似乎有必要指出的是，随着对印第安人奴役的结束,非洲人便沦为欧洲在美洲殖民地上唯一的奴隶种族。可以看出,从 17 世纪开始,殖民奴役便披上了种族的外衣,这在古罗马或伊斯兰世界中是不曾有过的,因为在那里,奴隶数量众多,他们来自不同的地方且肤色各异。另外一个重要的区别在于,身处美洲地区的非洲奴隶通常被用于从事最艰苦的劳作活动,并且社会地位极其低下,而我们也提到过,在古罗马和伊斯兰世界中,奴隶则可以承担政治或军事职能。

参考作品

大卫·布里昂·戴维斯. 上帝意象下的宗教、道德价值观和我们的奴隶制遗产 [M]. 耶鲁大学出版社,2001.

黑奴贸易

为了维持与促进佛得角、圣多美和普林西比群岛的人口规模，葡萄牙王室允许当地移民在边境沿海地区购买奴隶。但是为了垄断奴隶贸易，葡萄牙开始采取契约承包制，将奴隶贩卖和关税征收的权利承包转让，承包人以一定的价格换取对某个地区的特别管辖权或是获得许可贩运具体数量的黑人。这样一来，王室既确保了固定收入，同时避免了海洋与距离带来的风险因素，尽管这些问题也从侧面损害了承包人的利益，但让他们有机会与身处非洲或美洲海岸的其他欧洲人一起合作贩运奴隶，很多时候对他们来说，或许是这项生意的利润比想象得要少的最大的好处。这就是为什么那些大贸易商很少直接参与奴隶贩运的原因，即便参与也通常是与其他目的相关的。

作为首个承包人，来自里斯本的商人费尔南·戈梅斯（Fernão Gomes）在1468年至1474年垄断了塞拉利昂东部整个海岸的贸易活动，包括奴隶贩运，该地区也是葡萄牙航海家发现的。在他之后又出现了其他承包者，其中许多是新教徒，例如佩德鲁·戈梅斯·雷内尔（Pedro Gomes Reinel）、若昂·索埃鲁（João Soeiro），又或是安东尼奥·费尔南德斯·德·埃尔瓦斯（António Fernandes de Elvas），在他们当中，索埃鲁是王室贵族，并在17世纪初几乎垄断黑奴贸易，因为他签订了可向佛得角及安哥拉贩运奴隶的合同，同时还得到了西班牙政府颁发的奴隶贩卖专卖许可（asiento），即可向西班牙美洲殖民地供应黑奴。

15 世纪到 17 世纪，一些承包人赚得盆满钵满，但是因为他们原本还有涉足其他货品的海外贸易，如胡椒、白糖、矿产等，所以就不大可能确定奴隶贸易的利润在其财富中的相对比重。但是，也并没有迹象表明奴隶贸易获利占比高。

与非洲其他地区的情况不同，安哥拉开始遭受葡萄牙人的领土掠夺，那里的人，不论是宗教信徒、雇员、军人，还是自由黑人几乎都参与了奴隶贸易，而且在很多情况下，也包括殖民地政府首脑，其中就有若昂·罗德里格斯·科蒂尼奥（João Rodrigues Coutinho），他是路易斯·德·索萨（Luís de Sousa）修士的兄弟，除了在 17 世纪初担任过安哥拉总督外，还得到了王室的授权作为承包人开展奴隶贸易，同时获取了西班牙政府颁发的奴隶贩卖专卖许可。

1640 年，伴随着葡萄牙王政复古战争，存在

60 年的葡萄牙和西班牙的共主邦联（伊比利联盟）解体，葡萄牙恢复独立，西班牙发布的奴隶贩卖特许也转到了他国贸易商的手中，导致里斯本的商人开始对黑奴贸易失去兴趣，毕竟这对于有资本且商路广的人来说不算是个大生意，于是一些船东便开始在巴伊亚、佩尔南布库及里约热内卢取而代之，开展黑奴贸易。从那时起，除了在蓬巴尔侯爵政策下成立格朗－帕拉－马拉尼昂（Grão-Pará e Maranhão）以及佩尔南布库和帕拉伊巴（Pernambuco e Paraíba）综合商贸公司时期外，黑奴贸易开始在巴西盛行。

直到 19 世纪，当海上奴隶贸易变得不合法，并且这种行径开始遭到道德和社会谴责时，这种情况依然存在，并开始由一些没有正当职业的亡命之徒参与其中。他们大多是葡萄牙人，在当时也从未从事过和奴隶贸易相关的活动，冒着违法的风险开启了他们的奴隶贩运，他们到达古巴或巴西的时候生活还很拮据，却在短短的六年时间里积累大量财富，拥有自己的种植园，同时在政界也具备了一定的影响力，甚至有人还获得了贵族头衔。比如若阿金·费雷拉·多斯·桑托斯（Joaquim Ferreira dos Santos）获得了男爵称号，后来又成为费雷拉伯爵，若塞·贝尔纳尔迪努·德·萨（José Bernardino de Sá）也获得了男爵头衔，后来又被授予维拉诺瓦杜米尼奥子爵头衔，还有马努埃尔·平图·达·丰塞卡（Manuel Pinto da Fonseca）等许许多多。他们曾是19世纪葡萄牙的大资本家，围绕这些人物就黑奴贸易作为快速致富的秘诀这一题材塑造了当时的大众和文学形象。至此，平均而言，黑奴贸易还远未达到人们想象中的惊人利润。

参考作品

阿尔林杜·曼努埃尔·卡尔代拉.葡萄牙帝国时期的奴隶和奴隶商人[M].书域出版社，2013.

黑奴贸易带来了怎样的利润？

如果你认为黑奴贸易是一项收益高、致富快的生意，那么这一想法是不现实的。1761年至1807年，英国黑奴贸易的平均利润为8%~10%，相比较其竞争对手而言，还是比较乐观的，因为法国和荷兰在该贸易中的利润较低，只有6%~7%，有时甚至更低。

奴隶贸易在当时是一项困难重重且极有概率

蒙受损失的生意。当一艘黑奴船抵达非洲海岸时，船长首先要向国王或当地的首领献礼，并且为锚泊或任何其他原因支付费用。只有在那之后，他才被允许在当地的集市上购买奴隶，或者等待国王或非洲商人带着"货物"来装满他的船舱。通常情况下，等待的时间会很长，因为很少有机会在抵达海岸时就能够找到所需数量的奴隶，船长不得不冒险将自己运来的货物交给奴隶贩子，以此通过他们在内陆市场买到奴隶。交付期限很多时候以年为单位向后延期，因为非洲方面并不总是能够供给相应数量的奴隶，或者不能按时交货。

越是接近满载，已经积累在船甲板上的奴隶的数量就越多，而且这些奴隶正在消耗船上的食物储备，他们能活多久取决于能够多快地补齐缺少的奴隶数量。为此很多时候，在未装满"货物"的情况下，船长便选择起航离开。在罗安达，有些时期会禁止开展奴隶贸易，时间长达几个月都是很常见的。甚至还有一些人破产了，就像18世纪中叶发生的那样，一个名叫安东尼奥·拉马略（António Ramalho）的奴隶商贩等待了两年才装满他的货船，而在此期间，他损失了500多名奴隶，并且都是他通过购买获取的。

巨大的金融风险可能会与最终售卖奴隶所获得的利润相抵消，特别是在美洲殖民地奴隶价格上涨的时期。但是，这样的好运气不会眷顾所有人，且恰恰相反。一般来讲，跨大西洋奴隶贸易是一项血腥的经济活动，且具有边缘化、冒险性等特征，其最终获取的交易利润取决于很多细节处理，尤其是如何管理好奴隶的生存问题。如果可以用最少的投入来保证奴隶的存活率，并且总是能将因奴隶死亡而产生的损失转嫁给该买卖商业链中的下一个环节，那么才有可能获得收益。从非洲首领到巴西种植园主，……从 17 世纪开始，殖民奴役便披上了种族的外衣，这在古罗马或伊斯兰世界中是不曾有过的……

所以讲，奴隶起义并不意味着反对奴隶制度。在某些情况下，只有废奴运动在欧洲和美国兴起并站稳脚跟之后，情况才会有所转变。

这条商业链上所有环节的参与者无疑都将自身的获利建立在奴隶的痛苦之上。只有这样，黑奴贸易才能带来利润，而且截至 19 世纪初，这方面贸易活动普遍并没有创造很高的价值。

面对利润普遍较低，而且债务水平很高的情况，安哥拉和巴西的葡萄牙奴隶贩子又为什么会坚持参与到奴隶贸易中呢？原因很简单，因为美洲地区持续需要劳动力，而在非洲海岸，当地人也并没有其他经济选择。面对巴西市场上奴隶价格的下跌，即使蒙受了损失，奴隶贩子也仍会继续选择把奴隶送到那里，因为他为此已经支付过费用，并且也没有其他的目的地可以输送他们。如果他从中获取的部分收益足够偿还债务，那么就可以规避破产的风险并继续踏上寻求财富的道路。但是这只能谈得上是在维持生计，而非盈利。这样的境遇只在 19 世纪，当宣布奴隶贸易非法时才发生改变。与之俱来的是，非洲低廉的奴隶价格对应美洲地区奴隶价格的高涨,打开了奴隶贸易超高收益的大门。已经有研究证实,当时的奴隶贸易所产生的盈利高达300%,远远超过18世纪的水平。这就解释了为什么前面所提到的那些人能通过黑奴贸易快速致富。

参考作品

大卫·埃尔蒂斯.经济增长与跨大西洋奴隶贸易的终结[M].牛津大学出版社,1987.

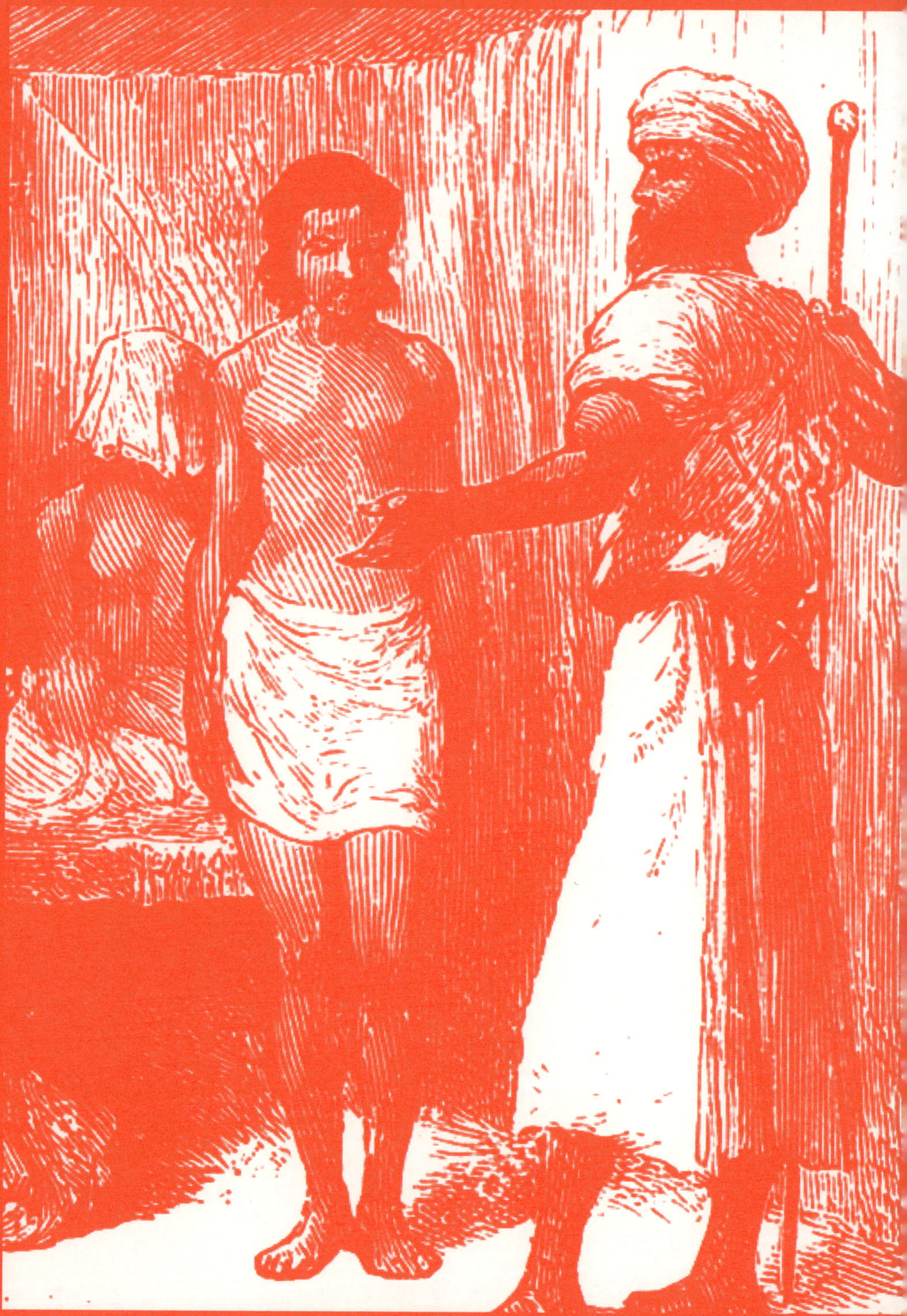

第四章 奴隶制度的废除：意味着奴役的终结？

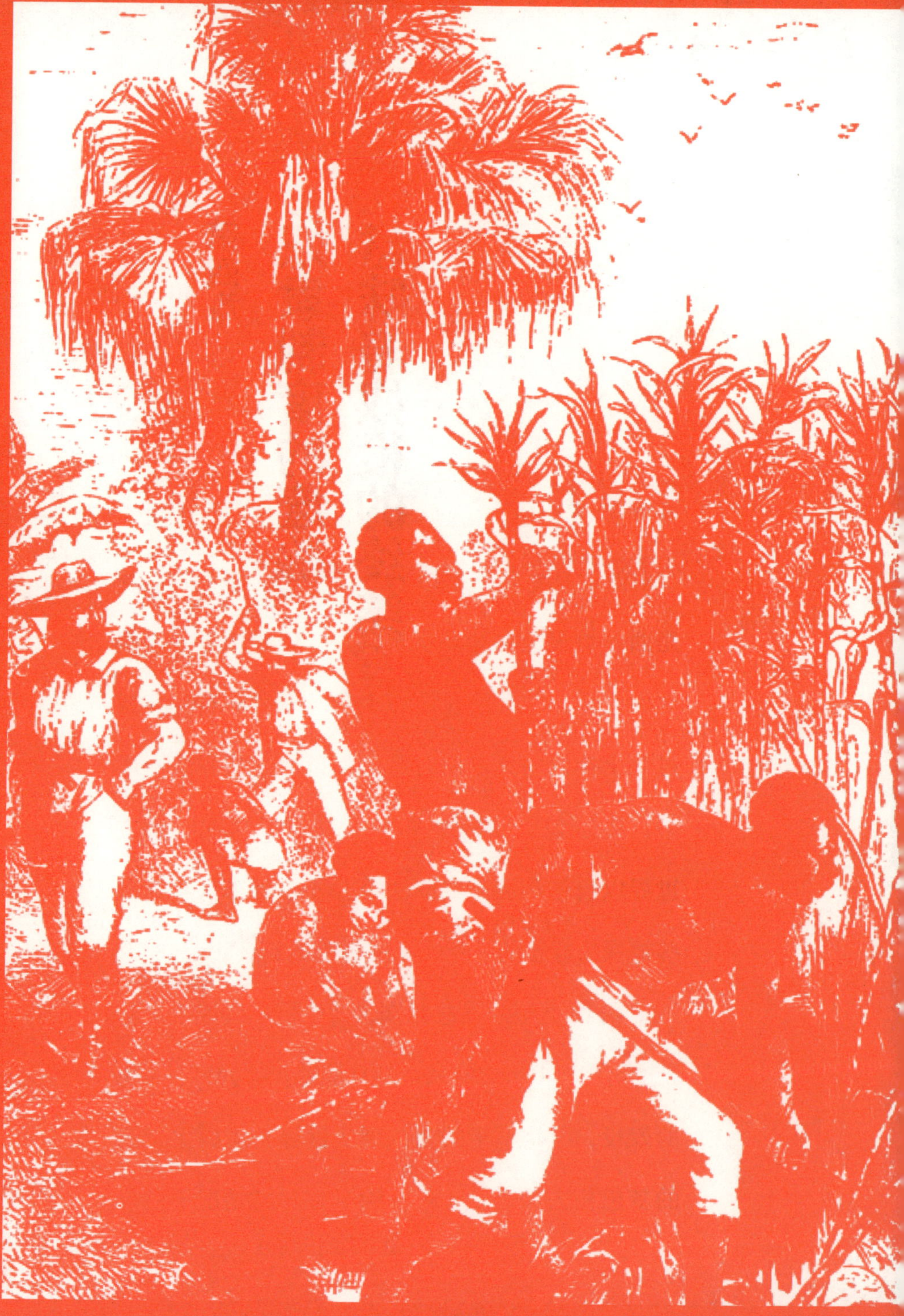

第四章
奴隶制度的废除：意味着奴役的终结？

从 18 世纪后 1/3 时期开始，人类历史上第一次对奴隶制度提出严重质疑。最先反对奴隶制度的是西方世界，尤其在盎格鲁－撒克逊世界中表现更为突出，并最终瓦解奴隶贸易和奴役行为。经过几十年的争论，面对激进分子的坚持和政治压力，甚至经历了战争，如发生在美国的那样，西方世界以身作则颁布废奴法令并要求外部世界为那些被视为罪恶的、令人无法忍受的行径画上句号。

在 19 世纪的某些时期，似乎推广废奴主义精神的努力可以行之有效，并且能够扫除世界上一切的奴役，但是不幸的是，现实世界与废奴主义者的梦想相去甚远。诚然，除了在异常情况下，合法的奴隶制度再没有出现，但是取而代之的是产生了，或讲再一次产生了强迫劳动。诉诸强迫劳动甚至可能比奴役行为更具破坏性，因为在那样的框架下，劳动者并非一种财产形式，没有具体的价值。如果他们因过度劳累或疾病而加速死亡，事实上也不是如果，并不会构成经济上的损失。

在接下来的几个小节当中，我们将去了解奴隶制度是如何被废除的以及为什么会被废除，是否在某些情况下无意中为更糟的情况敞开了大门？

废除奴隶制度的是那些反抗的奴隶吗？

与某些正确的政治思想所主张的相反，奴隶制度的终结并不是源于非洲奴隶的抵制与反抗。

或者更确切地说，仅要归功于 1791 年在法属殖民地圣多明戈斯（今海地）爆发的革命起义。但是，正如我们接下来将看到的，这只是个例外，而非普遍现象。

在海地事件发生前的三个世纪里，欧洲殖民地就发生过几次奴隶起义。同时，逃跑的奴隶聚集在一起，形成了一个个军事营地，被称为逃奴堡（quilombo），而且有时规模很大，如巴西的帕尔马雷斯。然而当时，起义和逃亡都不是反奴隶制的形式。在帕尔马雷斯，黑人逃奴也开始有自己的奴隶，同样的情况也发生在巴西其他逃奴堡中和美洲一些地区。参与起义的奴隶也是如此。例如，我们可以回想一下 1760 年在牙买加发生的"塔基起义"。黑人领袖的目标是屠杀白人，另外继续生产蔗糖和其他热带农作物，无疑这又回到了奴役问题上，这一次是黑人奴役黑人。可以说，在非裔美洲人世界存在的前三个世纪里，殖民地奴隶奋起反抗，在他们之前希腊、罗马或伊斯兰世界的奴隶就曾发动起义。奴隶掌权后展开了一系列的报复行为，获得了土地，实现了个人或集体自由。但是他们既不谋求全民解放，也不排斥对他人的奴役，也就是说，在他们之中并没有树立反奴隶制度的概念。所以讲，奴隶起义并不意味着反对奴隶制度。在某些情况下，只有废奴运动在欧洲和美国兴起并站稳脚跟之后，情况才会有所转变。

那么最先做出变革的是发生在法属殖民地圣多明戈的一场奴隶起义，这是人类史上最成功的奴隶起义，这次起义使奴隶制被首次废除，实现了全面自由，也使海地获得了独立。想简要知道当时发生的事情，即可追溯到 18 世纪 80 年代末期，当时北美一些州已经颁布了废除奴隶制的法令，而且英法两国政府也已经开始就该问题进行讨论。1789 年法国大革命爆发，圣多明戈殖民地被卷入内战，两年后，趁着内部动乱，一次大规模的奴隶起义爆发了，殖民地战争被打响，很快肆虐整个海岛的多边冲突日益复杂化。但是在1793年，这场奴隶叛乱还是被遏制住了并遭到镇压，源于为了满足军队需求，扩充军力，法国特派员桑托纳克斯（Sonthonax）在殖民地宣布了一项法令，提出所有参与起义的黑人奴隶如果想要为法兰西共和国而战，抵御内敌外侵，那么将获得个人及妻儿的自由权利。从那一刻起，海地岛的奴隶便确立了他们的奋斗目标，坚决与奴役处境对抗到底，且最终获得胜利，其间成功摆脱了殖民统治并宣布独立。但是战争无疑是残酷的，带来无数人的流血与牺牲，其中就有8万名欧洲人丧生，黑人的牺牲人数不详，但一定比这还要多。

此后再也没有出现类似海地这样的情况了。海地革命影响深远，殖民地统治危机的阴影笼罩西方世界，政客一直努力避免类似事件再次上演。随后其他所有的废奴法令均直接由欧洲或美国的政府及议会颁布，换言之，正如法国政治思想家和历史学家托克维尔（Tocqueville）所说，它们是"通过君主的开明意志"实现的，而不是借助黑人反叛者的匕首。但这并不是说不曾再发生过奴隶起义，只不过自废奴主义出现以来，改变了其中一些暴动的性质。其中，在英属殖民地巴巴多斯（1816）、德梅拉拉（1823）和牙买加（1831~1832）地区体现得尤为明显，起义运动遭到残酷的镇压，但是从中我们可以发现反叛者的态度由激烈转向温和，正因为如此，白人中几乎没有人员伤亡。与那些奴隶主和种族主义者的想法相反，一些当代的历史学家或许仍然没有认清楚这个现实，那就是黑人奴隶并不愚蠢。他们中的许多人都抑制住了复仇的怒火，希望这种克制能够换取那些白人废奴主义者的理解并在政治上加以利用，毕竟，或远或近，他们都是为黑奴利益而战的正义之士。这样的情况不在少数。

因此，废除主义与新型奴隶起义之间的联系是显而易见的。在某些国家，废奴运动逐渐成为一股不容忽视的政治力量，同时奴隶起义也敲响了奴役时代的丧钟。在巴西和其他几乎不存在废奴主义者的地区，奴隶起义继续遵循以往的模式爆发着。例如，1835 年发生在巴西的穆斯林黑人奴隶叛乱，仍然只是为了攻占萨尔瓦多市，杀掉所有白人和拒绝加入起义组织的黑人，并且奴役混血人种，而结束奴役现象并不在他们的计划之中。总体看来，导致西方世界摒弃奴隶制度的决定因素并非源自其间普遍发生的奴隶逃脱和起义行为，而是因为废奴主义思想在西方的兴起与发展，也就是说，从那时起，人们开始坚信奴隶制度是不公正的且犯有政治错误,是应该被消除的。

参考作品

西摩·德雷舍,P.C.埃默.是谁废除了奴隶制度?就奴隶起义和废奴主义对话若昂·佩德鲁·马尔克斯[M].伯格汉图书出版社,2010.

如何解释废奴主义及其取得的成功?

18世纪80年代,美洲殖民地是欧洲国家的重要财富来源,他们中很少有人会想象到有一天会失去这些资源。这些殖民地拥有大量土地,在那里的具体条件下,通过奴役行为实现劳动力剥削是最廉价、最能提高生产力的方式。殖民国家只会考虑直接的经济利益，他们应该想要继续推行奴隶制度而不会想到去推翻它。然而，人类历史上最令人震惊的决定之一出现了，这些殖民国家一个接着一个地开始宣布奴隶制度非法，先后颁布了有关废除奴隶贸易和奴役行为的法案。

  为什么会出现这种现象？首先，英国作为废奴运动的先驱者和坚定的执行者，强迫或诱导其他几乎所有国家也按照这样的路线去执行。1805年至1807年，英国废除了奴隶贸易，并即刻承担起废奴主义推动者的角色，向仍然参与奴隶贸易的国家施加压力，迫使它们效仿英国的慈善仁爱之举。随后，在1833年，英国国会迈出了更为大胆的一步，完全解放英国殖民地近80万奴隶，同时向每位奴隶主支付赎金，共计赔偿高达2000万英镑，这相当于整个国家预算的40%。除此之外，英国还额外花费了1200万英镑用于打击奴隶贩运。

无论是迫于英国的压力还是国内的事态发展，西方各国都在树立这样一种信念：在一个追求文明的世界里，奴隶制度不再被接受。除了美国的某些地区已经自发决定废除奴隶制度，还有海地，正如前文所述，在法国大革命和奴隶起义之后，该地区就很早地废止了奴隶制度，英国或多或少在此方面影响了其他国家，下表列举了主要国家奴隶制度废除时间。

主要国家奴隶制度废除时间

国家	废除奴隶贩运	废除奴役行为
海地	1801~1804	1801~1804
英国	1805~1807	1833
丹麦	1803	1847~1848
美国	1807	1865
瑞典	1813	1847
荷兰	1814	1862~1863

（续表）

国家	废除奴隶贩运	废除奴役行为
法国 ❶	1815~1818	1848
西班牙	1817	1873~1880
葡萄牙	1836	1869~1875
巴西	1830	1888

讲到这里，那么现在问题来了：为什么英国决定结束奴隶制？常被定论这样的做法是出于经济原因，源于奴隶制度已不适应工业革命的推进和资本主义的发展。再言，对于奄奄一息的奴隶制度，废奴主义以文明的方式为其画上了句号。但是过去几十年的历史研究揭示了不同的景象。西摩·德雷舍（Seymour Drescher）尤其表明，英国开始转向反对奴隶贸易和奴役现象并迫使其他国

---

❶ 经历了战争，奴隶起义以及随后法国专员在圣多明戈斯颁布的法令，法国大革命终于在1794年终止了奴隶贸易和奴役现象，但这一举措在1802年被拿破仑推翻，恢复了法国海外殖民地的奴隶制度。

家也作出同样的决定，并不是因为殖民地种植园陷入危机，又或是适应制造业的发展需求。正如德雷舍所给出的解释，其原因更为复杂，并且与意识形态问题有关。到了18世纪后半期，哲学、文学和新教的某些发展助力针对奴隶制度产生批判性观点，呼吁废除奴隶制度，这种现象无非是启蒙运动后期的昙花一现。尽管如此，在当时的时代背景下，人们也坚信废除奴隶制度对经济发展有利，将提高美洲种植园的生产力，并合理合法地以一种"无害贸易"的方式打开非洲市场，获取更高的收益。许多英国人认为通过自由劳动比奴隶劳动更能提高生产力，因而坚信废除奴隶制不仅是展现公平之举，而且对所有人都有好处。

　　正是出于这种信念，在群众运动的支持中，在史无前例的宣传活动的推动下，废奴主义进程得以加速升温。现如今，奴隶制度显然已经在我们生活的社会中消失殆尽，我们甚至不敢想象它曾经存在过，但是在 19 世纪，奴隶制度的废止体现得并不那么明显。战胜那些想要维持现状的人并不容易，这是坚持废奴主义思想与为之而奋斗的人们努力的结果。

那么，葡萄牙在这场斗争中扮演怎样的角色？

参考作品

西摩·德雷舍.奴隶制度的废除：奴隶制和反奴隶制历史[M].剑桥大学出版社，2009.

葡萄牙是最先废除奴隶制度的吗？（一）

常讲，葡萄牙是第一个废除奴隶制度的国家。然而，事实上，它是较晚颁布废奴法令的欧洲殖民大国之一，关于这一点我们可以从上一小节的表格中看出，而且它对于开展实施受英国影响的反奴隶制政策存在很大的逆反心理。

严格来讲，葡萄牙是第一个通过蓬巴尔侯爵在1761年和1773年颁发的两项行政许可来禁止奴隶贸易和奴役行为的欧洲国家，但是这些政策的执行仅适用于本土地区，而不包括殖民地，并且缺乏稳定性和连贯性。1810年，葡萄牙还是第一个官方承诺将在此项"人类事业"中与英国开展合作的国家，也就是在这个时候，打击奴隶贩卖被定义为关乎人类福祉的事业。但是遗憾的是，葡萄牙并没有朝着这个方向努力，相比之下，它更关注维持面向巴西的奴隶输送。1815年，在英国的持续施压下，葡萄牙禁止向赤道以北贩卖奴隶，但是与此同时，继续在南半球地区开展奴隶贸易，并没有就国家签署的废奴主义协议采取任何举措，即使是在1822年巴西独立之后，仍没有迹象显示其存在任何相关的有效作为。直到 1836 年 12 月，当时居住在古巴，尤其是在巴西的奴隶贩子肆意使用挂有葡萄牙国旗的船只贩卖黑奴，为此萨·达·班代拉（Sá da Bandeira）侯爵颁布法令禁止在葡萄牙领土范围内出口奴隶。但是由于葡萄牙拒绝与英国签署禁止奴隶贸易的条约，而且在执行 1836 年法令上的意愿度不高，所以一直以来都是一纸空文。

1839 年，英国政府强化立场，并授予皇家海军权力，允许扣押悬挂葡萄牙国旗的贩奴船，不论船上有没有载运奴隶，并且将命令付诸行动。直到那时，葡萄牙才开始与英国合作，于 1842 年签署既定协议并发起了一项反奴隶贩运行动，一直持续到 1866 年跨大西洋奴隶贸易终结。行动开展过程当中，葡萄牙海军扣押或摧毁了 120 多艘黑奴船。

说到这里，需要重点强调三个方面：

（1）不仅仅发生在葡萄牙，许多国家对于制止贩卖奴隶的提议持反对意见。在一定程度上，几乎所有国家都是迫于英国的压力，被迫实行废奴主义政策，但是考虑到它们自身的经济利益以及国内废奴主义的开展力度，或多或少都有推迟执行废奴政策的现象。仅举三个例子：法国在1815~1818年废除了奴隶贸易，但仅从1826年起才开始对此采取有效措施加以打击；西班牙于1817年废除奴隶贸易，但直到1835年才开展了首轮力度微弱的反奴隶贸易行动，与此同时直至19世纪60年代才禁止奴隶继续进入古巴；再看巴西方面，1830年，该国承诺停止进口奴隶，但遗憾的是，20年后才开始试图加以制止。

（2）葡萄牙对废奴主义政策的抗拒并非源于奴隶制利益集团的势力或日渐削弱的奴隶思想意识的影响力，而是因为国内废奴主义规模不成气候。事实上，对于非洲人所遭受的不公正待遇，葡萄牙人通常是持惋惜态度的，表示不赞成奴隶制度，并接受逐步将其废除，但前提是不损害葡萄牙的国家利益。不错，这才是关键点。虽然英国方面认为制止奴隶贸易是一项适宜的国家政策，但是在葡萄牙，人们普遍担心这样的做法无疑等同于失去殖民地，首先是巴西，其次是非洲。正是出于这样的原因，葡萄牙人才"容忍"着奴隶制度的存在。他们是"容忍主义者"，而不是废奴主义者。

（3）如果葡萄牙最终从1840年开始加入这项"人类事业"当中，那么不是因为废奴主义已经在国内形成力量，也不是因为在非洲存在巨大的经济利益驱使，而是因为这关系到国家的声誉和形象。正是出于这样的原因，葡萄牙政府开展了一系列反奴隶制度的行动，至此开始恢复在废奴主义国家中的地位及合法性。

综上所述，正是迫于英国的压力，葡萄牙才

早早被"拖"入解决有关废除奴隶贸易的问题，为了消灭奴隶贩卖，经历了漫长且复杂的过程。废除奴隶制度的道路同样缓慢而曲折，关于这方面内容我们将在下一小节中看到。

参考作品

若昂·佩德鲁·马尔克斯.寂静之声：十九世纪的葡萄牙与奴隶贸易的废除[M].社会科学出版社，1999.

葡萄牙是最先废除奴隶制度的吗？（二）

萨·达·班代拉侯爵，不可否认是葡萄牙废奴主义最伟大的捍卫者和推动者，他于1836年3

月提出了有关在葡萄牙殖民地结束奴隶制度的第一项法律提案，但这一进程直到近40年后才得以完成。

为什么会花费这么长的时间？由于葡萄牙废奴主义者明显缺乏来自历届政府和议会主席的关注，因此废奴主义思想的践行者在葡萄牙属少数派。除此之外，奴隶的解放还牵扯对奴隶主的赔偿，英国、瑞典、丹麦、法国以及后来的荷兰均为此掏了腰包。据估计，当时葡萄牙在本国需要赔付的总金额高达3000~4000康托（葡萄牙旧货币，相当于1.5万~2万欧元），但是缺乏资金或政治意愿去实现。

因此，在19世纪40年代，为了克服这些障碍，葡萄牙做了许多尝试，但均以失败告终，于是萨·达·班代拉选择将他的废奴提案分批执行，旨在积累局部胜利以缓慢达到最终的目标。他本人将其定义为一种"循进行为"政策，并自

19世纪50年代起开始应用，主要遵循两条路径：一方面，推进《新生儿自由法》(Leis do Ventre Livre)，承认女奴自该法律生效之日起所生子女的自由，但强迫他们为其主人工作直至20岁；另一方面，是把现有的奴隶转变为自由人，也就是说，从法律层面讲，他们不再为奴，但是并不会马上获得自由身，需要经历成为自由人的过渡阶段，在此期间被迫工作7~10年。

尽管在19世纪50年代通过了立法，可事实是，完全解放奴隶的问题又推迟了7年、10年或20年，但从此刻起，葡萄牙可以正式宣称自己是废奴主义国家，当时这对增强民族自尊心和营造民族自豪感非常重要。随后在1869年，根据法令条款，全部现有奴隶都被宣布获得自由身，并于1875年彻底终结了发生在葡萄牙殖民地的奴役行为。葡萄牙努力抢在西班牙和巴西的前面，以免成为最后一个终结奴隶制度的国家。即使是这样,旧奴隶也没有完全被解放。我们将在下面的内容中看到原因。

参考作品

若昂·佩德鲁·马尔克斯.萨·达·班代拉侯爵与奴役的终结:道德的胜利,利益的保障[M].社会科学出版社,2008.

为什么废除了奴隶制度却没有释放奴隶?

废奴主义者在反奴隶制运动中就曾提到,自由劳动力比奴隶的生产效率更高,产量更大,且成本相对低廉。当时英国在19世纪30年代开展奴隶解放运动，致使例如牙买加这一类人口密度较低、自由土地丰富的殖民地在蔗糖和其他殖民地作物方面出现产量下降的情况。为什么会这样呢？因为，一旦获得解放，妇女和儿童便不会再参与劳作，而男人在拥有可以发展自给经济的土地后，会出现回避种植园工作的现象，或者只是为了获得高回报的工资才会去做。19世纪初，牙买加的咖啡出口量是古巴和巴西总和的五倍，但到了19世纪40年代初却陷入了产能危机。同样的事情也发生在法国殖民地上，奴隶制度废除以后，所有人清楚地看到，前奴隶拒绝从事种植园的工作，使得种植园主面临破产，不得不雇用来自欧洲或东方国家的劳动力，换句话说，奴隶的解放带来了经济上的挫败。这就是为什么在19世纪50年代中期，原先赞成废除奴隶制度的舆论开始发生转变。许多人不再相信，在热带地区，自由劳动比强迫劳动更加可以提高产能，也开始怀疑纯粹而坚决的废奴主义才是正确的决策。没有人坚持说应该放弃或扭转这一政策,因为废奴主义仍然在道德和政治层面上保持着强烈的积极作用,但几乎每个人都很清楚,必须重新考虑奴隶解放事宜,以便在自由与经济之间取得平衡。

萨·达·班代拉于19世纪50年代推进的废奴法案正是在这种缺乏信心又或调整路线的背景下产生的。毫不奇怪,大家一致达成共识,认为有必要建立某种形式的监护制度,出于政治和意识形态的原因,对此不能保留奴役的头衔,但起码应该迫使非洲人去劳作。正如罗德里盖斯·桑帕约(Rodrigues Sampaio)在1860年所述:"黑人获得了自由,却没有从劳作中解脱。"因此,当1875年3月颁布的法令完成了奴隶解放时,又随即向那些前奴隶打开了劳动规章监管的大门,他们被迫要求提供为期两年的服务,而那些被认定为无业的黑人同样也要接受长达两年的义务劳动。萨·达·班代拉当时解释说，此项规定应被理解为一项仅打算维持在1875~1878年的过渡性措施。他继续补充道，如果情况没有按照预期发展，如果在那一时期之后，葡萄牙殖民地仍然需要强迫黑人劳动，那么，一系列废奴法令所体现的以解放为目的的宗旨将不复存在或是受到腐蚀。很遗憾事实上正是如此发生着。

葡萄牙于1869~1875年废除了奴隶制度，作为替代，却在非洲开启了强迫性劳动。当时葡萄牙所处的时代正值废奴主义的退潮期，它走在其他殖民国家所踏足的道路上。推迟了近40年，葡萄牙才决定废除奴役行为，但最终还是与欧洲伙伴们一同调整了步伐，归入正途。至此，进入19世纪的最后25年，各方都废除了黑人奴隶制度，但同时或多或少地开始采取无耻的方式来强迫他们劳动。正如我们将在下文中看到的那样，虽然并非闻所未闻，但令人悲伤和失望地目睹了，消除奴役行为并不一定意味着人类剥削的极端表现形式已经终结。

> 参考作品

西摩·德雷舍.关于自由劳动力与英国奴隶解放的有效对比验证[M].牛津大学出版社，2002.

从奴隶制度到强迫劳动：归咎于殖民主义？

参与到 19 世纪末至 20 世纪初非洲争夺战之中的国家，最终走上了开展强迫劳动的剥削之路，相较在美洲发生的奴役行为往往同等残酷，甚至更为恶劣。例如，我们看到，在短短的二三十年内，有超过500万的非洲人在比利时国王利奥波德二世统治下的比属刚果失去了生命。这是一个可怕的数字。

这要归咎于殖民主义的野蛮暴行与贪婪欲望吗？是的，定格在那样特定的背景下，对此毫无疑问，但不要认为在其他时间和其他地方就没有类似消极的情况发生。与许多人的想法相反，历史表明，从奴隶制度过渡到强迫劳动这样转变并不是第一次发生。例如在海地发生的那样，只不过其特殊性在于对黑人施加强迫劳动的正是其同种族人。1801年，海地宣布永远废除奴隶制度，上台的前奴隶起义军随即便开始诉诸强迫劳动以恢复生产和出口贸易。迫于战争需求和经济崩溃，杜桑·卢维杜尔（Toussaint Louverture）决定由其将领直接监管种植园区域。曾发生在德萨林（Dessalines）将军掌管的种植园内，如遇到生产力下降时，一名工人便会被处以绞刑，以儆效尤。随后，在 1827 年，布瓦耶（Boyer）总统于海地颁布了一部强迫劳动和反无业法典，残酷之度堪比欧洲人后期在非洲实行的法规。

无论是在海地、在非洲争夺战之中发生的那样，还是在对非洲人民持续无情的剥削之下，这一切都表明，奴役行为不一定是剥削、野蛮与人类苦难的终极表现。面临来自生产力需求的压力、经营主体的贪婪欲望，以及诸多其他因素，可能会，而且常常会使法律上承认的自由人处于与大多数奴隶所经历的状况相同或更糟的境地。例如在 19 世纪，为了解决因反对奴隶制度的政策出台而导致劳动力短缺的问题，美洲各地区开始诉诸引进中国和印度苦力，有一个例子足以说明当时的情况，那就是在 1847~1874 年，古巴预计接收 12.5 万名中国苦力，苦力移民的组织者无视运输船只的条件和苦力境况，导致途中有 1.5 万名苦力丧失了生命。尽管他们是名义上的自由工人，签订了 8 年的劳动协议，但相较奴隶，二者几乎毫无差别。在他们的雇佣合同中没有遣返条款，他们会象征性地收到少许工资，导致他们中没有一个人能够攒下足够的钱来支付返程的费用。因此，在履行完 8 年劳工合同后，幸存下来的人获得自由身，却不知在这陌生的土地上该如何生存下去，往往会因流浪而被捕入狱并再一次被迫签订新的劳工合同。如果能有如此的遭遇，可以说是极其幸运的。在当时，那些中国苦力从澳门出发，跨过太平洋被运送到秘鲁和厄瓜多尔沿海地区，开始在矿产区和肥料厂从事劳作活动，他们中很少有人能有机会续签劳工合同，因为在一到两年的劳作中备受非人虐待和残酷迫害，导致中国苦力惊人的死亡率。

　　葡萄牙在非洲一些区域，特别是在圣多美和

普林西比群岛，采用了这样的契约劳工制度，其间很少有工人能够从他们所在的非洲地区返回自己的家园。同样的事情也发生在其他欧洲殖民者管辖的地区。当然，与在奴役现象中发生的不同，这些人不属于主人的财产构成，但是他们的服务，正如之前发生在被解放的奴隶身上一样，是可以被购买、出售和继承的。这些契约劳工的生活条件极为恶劣，劳动极其繁重，与以往奴役下的非人道性待遇相比，有过之而无不及。

参考作品

凯瑟琳·希格斯.巧克力之岛：可可、奴隶制与非洲殖民地[M].俄亥俄大学出版社，2012.

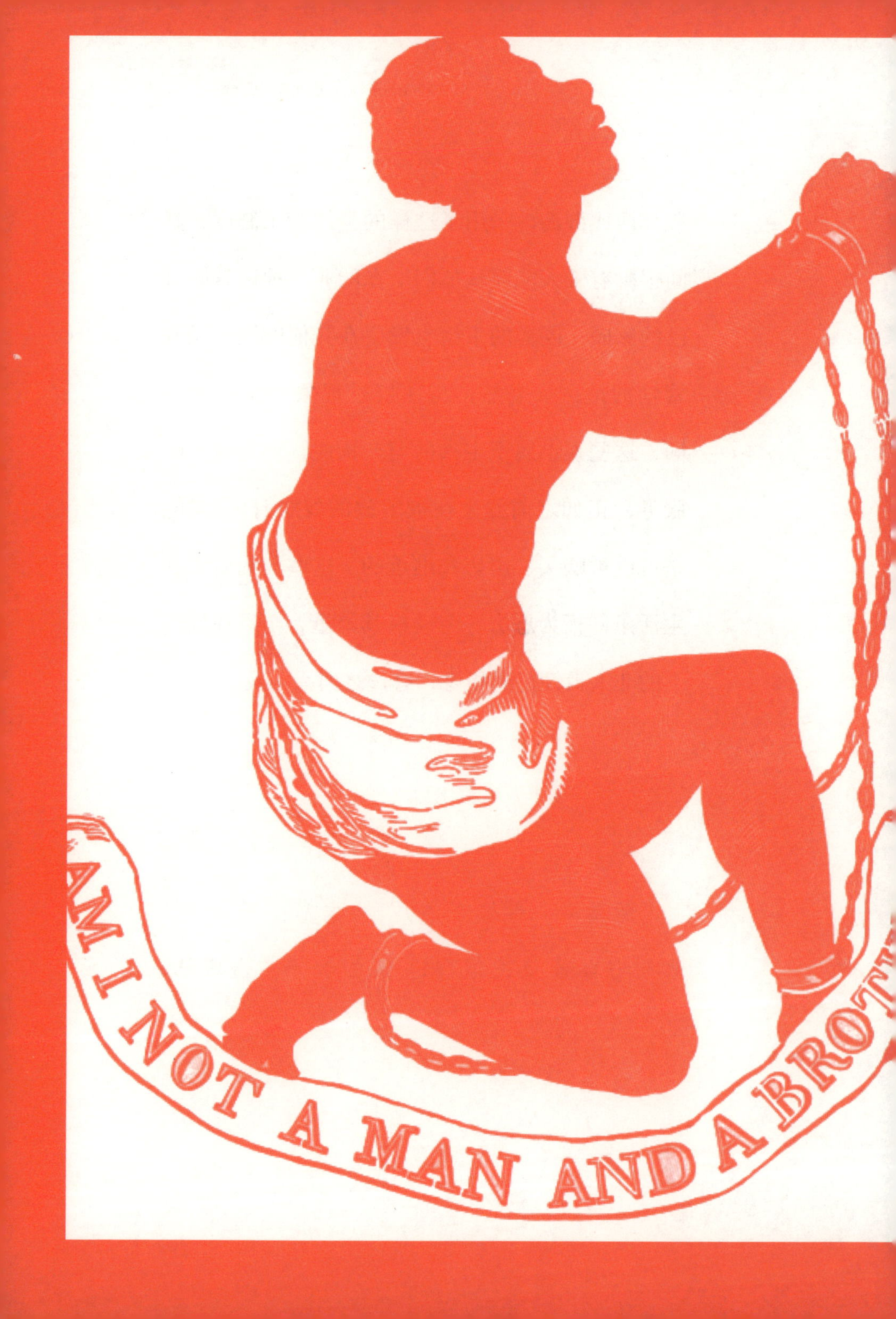
AM I NOT A MAN AND A BROT

结语

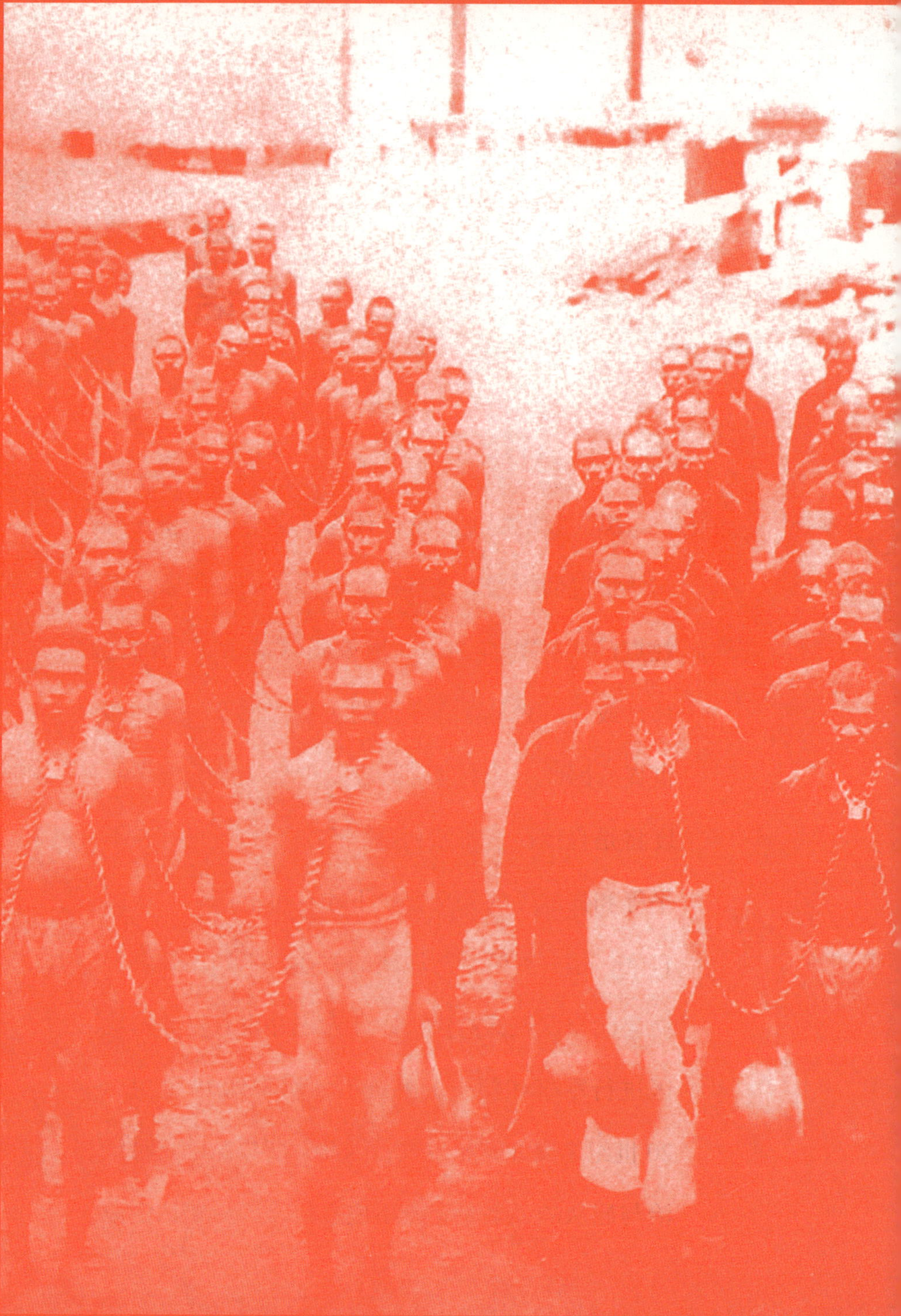

黑人奴隶制度常常被认为是完全由欧洲人兴起并推进的一项罪恶行径。那些认同并传播这类观点的人往往会指出，黑奴贸易涉及人口的迁移，或言，它是在将非洲的主要力量挪动到外部世界。因此，他们从一开始就得出结论，奴隶制度将是直接损害非洲利益的一场交易，只有在不平等和强加性的关系背景下才有可能产生，简而言之，是一种统治与屈从的关系。正如在奴隶贸易兴起与发展的时代，欧洲人还并没有对非洲地区进行军事和领土上的统治，而直到19世纪与20世纪之交才开始出现，因此，所提出的这种统治与屈从的关系是完全不成立的，同样错认定白人会借助自身在经济和技术上的优势说服非洲人开展人口贩卖并将他们拖入一条制约其发展的道路，与此同时，欧洲坐收不义之财。正如我在前言中提到，这是从18世纪末的激进废奴主义思想中继承下来的观点，然而这般看法现如今仍存在于我们的文化认知当中，尤其在最近几年里，得到了显著的、由我看来是令人遗憾的强化，并且受到了联合国教科文组织的现代化支持。

毫无疑问，黑人奴隶制度是残忍的、值得痛骂的，并在大多数欧洲人和美洲人的思想与情感之中留下了深深的烙印。对此，我们很是了解。奴隶贸易和殖民奴役所固有的极端剥削关系往往是极其暴力且残忍的行径，是应当受到谴责的，对此，西方国家了然于心，也因此成为第一批对此发出声讨和取缔这些做法的国家。这些西方国家不需要旧时及当代废奴主义者来提醒他们此类早已内化于心的事实与感受。很显然，在本书中，对于奴隶制度的不道德和不公正性不存在任何争议。产生分歧的地方在于有关这段历史的某个版本，特别是联合国教科文组织和几位相关研究领域的历史学家宣传和推广的版本，很遗憾与事实相去甚远。另外，在这里顺便提一句，历史学应该由历史学家来编写，并且他所遵循的主要标准和唯一目标是发现真相，而不是推动某个政治议程，无论该议程有多么合理或看起来有多么合理。研究历史学要具备公正之精神，独立之思想，而并非卷入社会或政治运动之中。

说了以上这么多，希望我能在这本篇幅短小的书中向大家展示出奴隶制度的历史远没有初看上去那么线性，草率定论且带有成见的问责是不可取的。同时，我也希望让大家看到，奴隶制度在历史上、在世界范围内是一种普遍现象，早在葡萄牙人到达非洲之前，那里就已经存在奴隶制度了。另外，我希望能进一步说明，在欧洲掌舵的贸易中，同为主要参与者的黑人首领并非弱势一方，他们很清楚自己在做什么，参与到奴隶贩卖之中完全是出于自愿，同时遵循着他们自身的逻辑思维。当然，与欧洲相比一定是存在差异的，但也是逻辑自洽的。

再言，我也希望读者在看完这些篇章后了解到，罪恶的跨大西洋奴隶贸易和殖民奴役，远非由葡萄牙所兴起的，而是复杂的关系多边性和历史延展性的产物，并最终清晰认识到导致奴隶制度废除运动的特殊性和新兴特点。这类运动受到潜在的政治、道德和经济哲学以及敏感性影响，这些在一定时期内是西方世界所独有的。严格来说，这并不意味着他们仅局限于西方所有。数以千计的非洲奴隶或自由人与白人建立了共同的事业，他们在议会、军舰或军队中为结束奴隶制而斗争。不论如何，我们不能忘记奴隶制度的废除可以说是西方世界的一大成就。印度、韩国、伊斯兰世界、撒哈拉以南非洲地区经历了各种形式的奴隶制度，但是他们从未发展出一套批判性评价或行动主义来废除奴隶制度。

废奴运动的最终结果确实没有达到预期的效果。在西方文明的理想主义作用下，18世纪和19世纪的废奴主义者坚信人的本性可以得到改善，奴隶制度必将迅速走向灭亡。但事实上并没有很快发生，在某些情况下，奴隶制度的灭亡为其他形式的人类剥削打开了大门。然而，基于理论与信心的舒适区，那些几个世纪开外的人们所认同的愤世嫉俗的理性思维和判断是不被认可的，不少人认为在内心深处，废奴主义只是一种说法，正如意大利名小说《豹》中唐克雷德所表述的那样，"一切都必须改变才能保持不变"。事实并非如此。反对奴隶制度的斗争付出了巨大的物质和人力代价，而不仅仅是虚构的，正如威廉·爱德华·哈待罗普·勒基（W. E. H. Lecky）

在 1869 年所陈述的那样,这也是殖民主义的贪婪试图掩盖事物真相的时期,"这是各国历史上最自认为了不起的一幕"。

作者简介

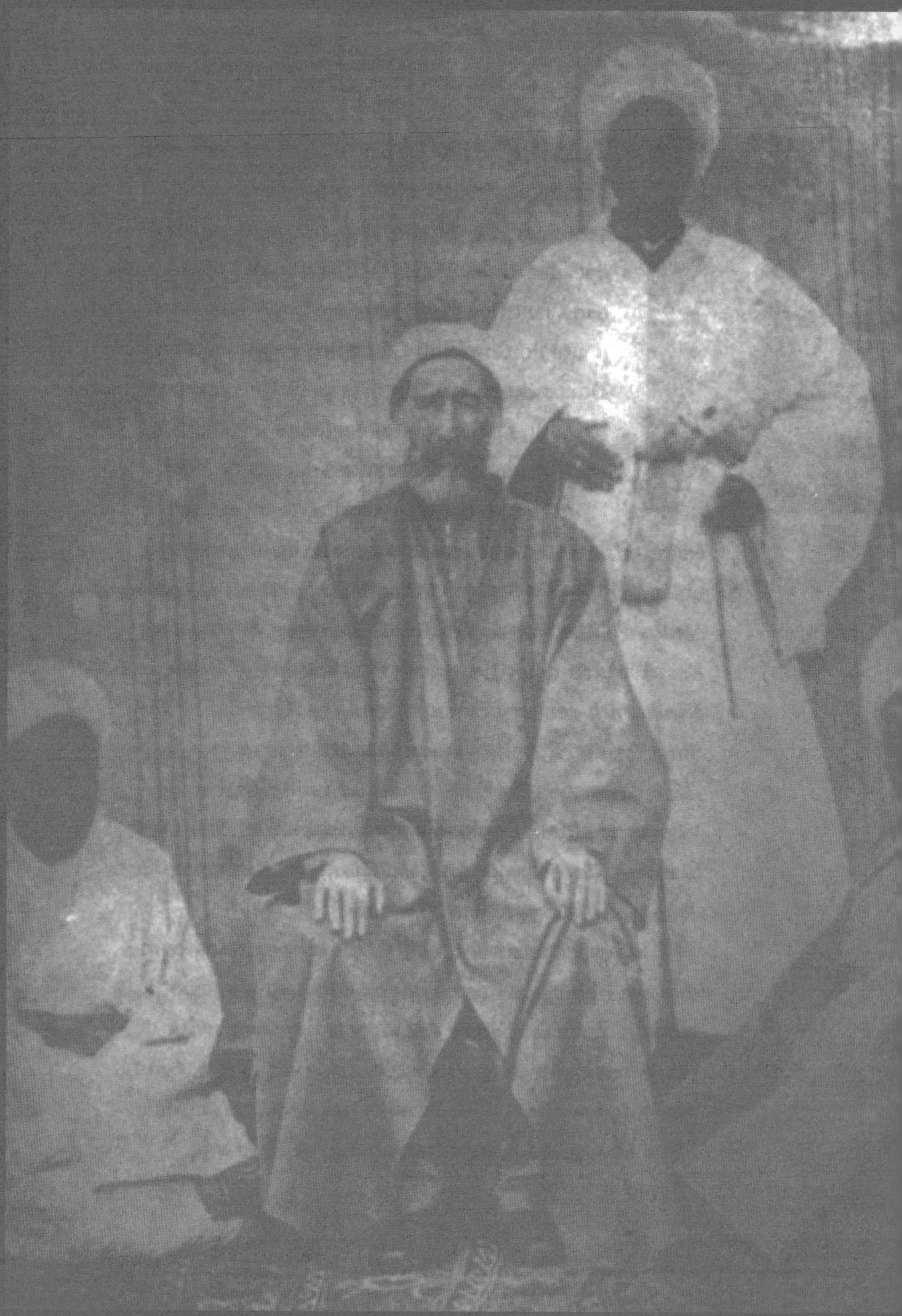

若昂·佩德鲁·马尔克斯（João Pedro Marques）于 1949 年出生于葡萄牙里斯本。曾任中学教师，后在热带科学研究院（IICT）担任研究员二十多年，并于 2007~2008 年担任该研究所科学委员会主席。1999 年毕业于新里斯本大学，获历史学博士学位，于 20 世纪 90 年代在该大学任教，主要教授非洲历史课程。

在作为研究员的整个职业生涯中，若昂·佩德鲁·马尔克斯撰写了许多与殖民历史题材有关的文章，同时出版相关书籍：《寂静之声：十九世纪的葡萄牙与奴隶贸易的废除》《葡萄牙及黑人奴隶制度》《揭秘奴隶起义的真相》《萨·达·班代拉侯爵与奴役的终结：道德的胜利，利益的保障》《是谁废除了奴隶制度？就奴隶起义和废奴主义对话若昂·佩德鲁·马尔克斯》(合著)。

若昂·佩德鲁·马尔克斯是奴隶制度及奴隶制废除相关历史研究领域的权威，且在全球范围内都颇负盛名。同时，他还是各大日报的常驻专栏作家，并出版了五部历史小说，包括《那些炙热的日子》《非洲农场》《塞巴斯蒂昂·蒙卡达奇遇》《大洋彼岸》《西班牙的风》。

本书译者治程系西安外国语大学葡萄牙语讲师。